PATRICIA

CARTAS E VERSOS PARA A MULHER AMADA

Beny Schmidt

2011

São Paulo

Edição de texto e coautoria: Berenice Malta
Editor: Fabio Humberg
Assistente editorial: Cristina Bragato
Capa: Osires, sobre foto de quadro de Patrícia
Foto da capa: Marcelo Malavolta
Diagramação: João Carlos Porto
Ilustrações: Osires
Revisão: Renata Rocha Inforzato

Dados Internacionais de Catalogação na Publicação (CIP)
(Câmara Brasileira do Livro, SP, Brasil)

Schmidt, Beny

Patrícia : cartas e versos para a mulher amada /

Beny Schmidt. — São Paulo : Editora CLA, 2011.

1. Poesia brasileira I. Título.

11-04773   CDD-869.91

Índices para catálogo sistemático:

1. Poesia : Literatura brasileira 869.91

Grafia atualizada segundo o Acordo Ortográfico da Língua Portuguesa de 1990, que
entrou em vigor no Brasil em 1º de janeiro de 2009.

Todos os direitos em língua portuguesa reservados
Editora CLA Cultural Ltda.
Rua Coronel Jaime Americano 30 – sala 12
05351-060 – São Paulo – SP
Tel: (11) 3766-9015 – e-mail: editoracla@editoracla.com.br

A você, Patrícia

Ufa, enfim acabei.

Essa é a mais bela homenagem que posso lhe conceder.

Apesar do meu intenso esforço e da demora, sei, humildemente, que ela não deve ter valor literário algum. Mas peço a você licença para torná-la pública, na esperança de que o nosso amor possa ajudar algumas pessoas a valorizar esse mesmo amor.

E então tudo já terá valido a pena.

Mas eu não preciso lhe dizer que o verdadeiro desejo de fogo ardente, que mora no fundo do meu coração, foi, na verdade, a vontade que minhas cartas e versos pudessem realmente emocionar você.

Você, que me ensinou a morrer.

Foi assim que eu realmente aprendi a viver.

Sabe, amor, nada, absolutamente nada, creio eu, pode ser rigorosamente original. Ao tornar público o apofantisíaco, se ele foi citado ou milhares de discussões sobre ele houve e tantos trabalhos já foram objeto desse mesmo arrazoado, não importa. Absolutamente nada pode ser rigorosamente original. Patrícia, eu estou muito tranquilo, pois o meu foi feito com tal amor que nos une a uma imensa paz.

Além disso, para terminar, antes de o livro começar, quero lhe dizer que existem três tipos de homem que não sabem mentir: o filósofo, o cientista e o poeta. Pois quero que saiba que sou um humilde cientista que aspiro um dia a ser filósofo e sonho em ser poeta.

Justificativa aos Pais

Eu sei, meu pai, que você queria uma outra coisa.

Mas é que eu me sinto jovem demais ainda para escolher tais palavras acadêmicas suficientemente importantes para dedicar uma tal obra que esteja à sua altura e dignidade. Eu não escrevi este livro para vocês, mas sim para o meu amor, minha mulher, a Patrícia, que vocês tanto amam. Ele pode não ter valor literário, mas é sincero, e acho que vocês acabarão, de alguma forma, sentindo por mim um pouco do orgulho que eu sinto por vocês. O próximo, quem sabe, daqui a alguns anos, eu prometo, será para vocês.

Mesmo assim quero lhes dizer que me empenhei ao máximo e que não faltaram sacrifícios e tantos dias de esmorecimento, mas foi amando tanto assim a ela, e tendo um pai como o senhor e uma mãe como você, com as flores dos meus filhos, que eu consegui terminar.

Não foi fácil.

Escolher os doze melhores versos entre tantos durante uma vida apaixonada, assim como aprimorar as cartas com os seus arrazoados. Quanto aos personagens, tentei expressar a mais fiel emoção que os versos produzem no meu amor.

Que ele deixe em todos os leitores uma marca eterna de amor sincero que existe em cada um de nós, seres humanos.

Justificativa aos meus filhos, Anita, Jackie e Marco

Não foi porque demorei quase 23 anos para escrever um livro, que em suas adolescências não estive fisicamente tão presente ao lado de vocês, tão intensamente como enquanto vocês cresciam. É que realmente acho que durante essa época pais e filhos devem um pouco se afastar, para que os filhos se tornem homens e as filhas se tornem mulheres.

Porém, o meu amor nunca seguiu essa regra. Vocês sabem muito bem. Eu sempre hei de amar mais vocês amanhã do que eu amo hoje. E assim para sempre, sempre será.

Tendo certeza dessa sua compreensão, aproveitei esse tempo da nossa vida para acelerar este livro, e vocês bem sabem, fazem parte dele, assim como a sua mãe.

Vamos dar o exemplo de amor sincero às pessoas do nosso mundo.

Prefácio
11

Capítulo I – *O Mundo*
13

Capítulo II – *A Vida*
23

Capítulo III – *O Ser Humano*
33

Capítulo IV – *O Homem, um ser social*
47

Capítulo V – *O Nascimento da Hipocrisia*
59

Capítulo VI – *A Ciência e o Homem*
77

Capítulo VII – *Sentimentos humanos*
91

Capítulo VIII – *A Grande Batalha*
103

Capítulo IX – *O Amor*
115

Capítulo X – *O Homem do Futuro*
131

Capítulo XI – *Vida Íntima*
147

Capítulo XII – *A Vida é Espetacular*
161

Prefácio

Beny já nasceu com pressa.

Anos luz à frente.

Veio de foguete.

Aos dez meses andava, aos dois anos multiplicava e dividia.

Aos dezesseis entrou na faculdade de medicina.

Tinha pressa, sempre teve, continua a ter.

E não para de correr.

Uma corrida contra o tempo para falar da verdade e do amor.

Para falar das verdades mais contundentes e puras.

Para escrever os mais belos versos de amor que alguém já desejou ouvir.

Para tentar preservar o bem, a vida, o nosso mundo.

Para dizer ao homem que está seguindo no caminho errado.

Para contribuir em favor do progresso e bem-estar da humanidade. Para salvar vidas, muitas, dos homens e dos animais...

Difícil será para as futuras gerações,

Acreditar que um homem tão altruísta possa ter existido

E ter amado tão profundamente...

Por isso aceitei escrever o livro com o Beny.

Porque nunca, em tempo algum, haverá outra pessoa,

Mais autêntica, apaixonada pela vida e romântica.

Nunca, em tempo algum, haverá outro homem,
Que ame tão verdadeiramente e profundamente.
Não só uma mulher, mas que ame o amor,
Que ame estar apaixonado e amar.

Acima de tudo.

Por que aceitei fazer o livro com você.

Porque ouvir de você,

As mais lindas palavras e os mais lindos versos que alguém pode ouvir,

As palavras mais românticas que um homem poderia um dia dizer,

Brincando com as palavras, colocando poesia na prosa.

Foi um privilégio.

Uma honra.

Por que aceitei fazer o livro com você.

Porque ajudar você de alguma forma,

A tornar públicos seus versos e prosa,

Foi um enorme prazer.

Realização extraordinária,

De uma mulher.

Apaixonada pela vida e pelo amor

Berenice Malta

Capítulo I

A fogueira dentro da lareira

Casa quente, labareda amarela
Espiculada, sombreada, brasa vermelha
Madeira queimada, fagulhas dispersas
Que bela lareira

Lá fora uma chuva fortíssima
Janelas todas embaçadas
E no ar delicioso um gosto
Melhor que qualquer paladar
Que chuva gostosa

E no coração à luz de velas
Uma paixão enorme permanece
Brilha sempre acesa e diz
Que nunca vai terminar

Conclamando a lareira e a chuva
Para amar contigo noites inteiras

O Mundo

O mundo racional é feito de lógica e razão. É preciso saber que ele corresponde a uma pequena gota d'água no apofantisíaco. Assim sendo, todos os pensamentos, por exemplo, que incluam noções de totalidade, mesmo aqueles sem fronteiras, sempre serão fugazes. As razões sempre estarão ligadas a universos, teorias, espaço, tempo, velocidade, tamanho... A razão nunca explicará a vida.

Nosso posicionamento deverá ser sempre um processo especial. Pela física, somos todos filhos de uma estrela e é maravilhoso, em um mundo tão grandioso, saber que, independentemente de qualquer tamanho, fazemos parte dele. Interagimos com ele todos os segundos, picossegundos.

Trocamos bilhões de partículas com aquilo que está à nossa volta todos os dias. Por exemplo, bilhões de neutrinos atravessam nossos corpos todos os segundos dos nossos dias. Existe uma magia que automatiza nossa vida. Ela constitui um mistério inacessível à razão. Isso não significa, de maneira alguma, que a razão não tenha sentido, ou que não valha a pena se dedicar. A razão não é Gaia, como escreveu Nietzsche, ela só não pode ser comparada ao mistério, à magia.

Afinal de contas, alguém pode dizer que não é maravilhoso andar de navio ou avião? Essas conquistas humanas conspiraram para um melhor aproveitamento do viver. Não se pode, entretanto perder o juízo de que nenhum produto poderá ser mais importante que a sua origem. Essa humildade de postura é fundamental para a saúde do sentimento humano. Resumir o mundo em um simples Big Bang, numa teoria de cordas ou numa quântica qualquer é uma profunda falta de sensibilidade.

Escrever ou refletir sobre o apofantisíaco é uma bobagem no sentido literal do pensamento. Mas pode, eventualmente, nos divertir. A ausência de conceitos racionais de limite, espaço, tempo, velocidade, vida, essa configuração, de certa maneira, acalma a alma humana de maneira geral.

Talvez o homem volte a ser mais tranquilo quando for capaz de sentir pedaços do que seria o apofantisíaco. Sabe, Patrícia, essa coisa assim descrita parece ser imensa e não caber nem mesmo na mais brilhante imaginação, não por sua dimensão, mas pela espiritualidade que flui divinamente em sua figuração.

Por exemplo, no mundo racional, sentimos um vento macio em uma temperatura amena que ao nosso redor irradia fé e encantamento. Na verdade, é a mais óbvia e simples conjectura que um homem pode ter. É claro também que pelo menos de uma coisa a razão humana pode ter certeza; o homem deve ter sempre um raciocínio antrópico de puro bom senso.

No apofantisíaco, toda a nossa história pode ser uma ilusão ou não. Todos os destinos sempre serão subconjunto do apofantisíaco.

Meu amor, você me compreende. O apofantisíaco não é uma questão somente de existir ou não, ele é independente de nossa consciência e da imaginação. A única certeza que temos é que tanto a nossa consciência quanto a imaginação fazem parte dele. No apofantisíaco pode aparecer um Big Bang, do nada, e outras coisas. É com o nosso espírito que temos chance real de tocar em pedaços diferentes do apofantisíaco, ou com todo nosso amor, assim como uma mãe se liga ao feto pelo cordão umbilical, os seres vivos encontram-se dentro dele. Se por acaso houver um momento de mágica, este só poderá ser o amor, a nossa única propriedade que reflete a magia.

Mas a pergunta é, Patrícia: – Como desenvolver nosso espírito: fazendo ginástica, estudando, trabalhando, rezando? Sabe, amor, antes de tudo, é o próprio amor que faz o espírito brilhar. Além de ele criar o bem e viver a verdade, favorece o ser humano a conhecer seu próprio espírito. Respeitar a vida, entender o que é sagrado é sem dúvida evoluir o espírito. Não importa o tamanho de um mundo sem tamanho, não importa o que realmente somos ou pensamos, mas a nossa posição, caso fôssemos uma flecha, deveria sempre estar apontada para o agradecimento e a honra de termos sido escolhidos, ao lado de tantas coisas e outros animais, para nascer, viver e morrer em tão fulgurante natureza.

Além disso, saber que todo bem vem de Deus. Da sua elegância em preencher este mundo. Mas que o bem não é tudo, pois que existe o mal. Porém, o mal não vem de Deus, muito menos do bem, ele vem da falta de moral do homem e somente dele mesmo.

Essa é a grande chave da vida, que é preciso reconhecer. Nós podemos e devemos sonhar com um homem melhor. É realmente possível realizar esses sonhos que Darwin deve ter tido, que impulsionaram o seu gênio para a óbvia constatação dessa evolução.

De doze minerais para os atuais quatro mil quatrocentos e tantos, já que esses mesmos minerais foram tão importantes na origem de todos os animais, nós podemos imaginar quão maravilhoso, quem sabe um dia, o homem há de ser.

De uni para pluricelular, de macacos a homens, de homens medonhos a homens maravilhosos.

Mas para que tudo isso aconteça, há um longo caminho a percorrer, há de se ter uma grande responsabilidade sobre os nossos atos, não podemos mais ser omissos ou simplesmente comissionados.

Um tsunami de filosofia devemos esparramar para literalmente poder agarrar esse sonho, de que finalmente um homem maravilhoso e inefável realmente possa existir, resgatando a dignidade e toda a espécie humana, escolhida de Deus para que o quadrúpede se tornasse bípede e de cabeça erguida enxergasse as estrelas e pudesse, humildemente, originar infinitas perguntas, infinitos anagramas, dessa pequena, brilhante e grandiosa parte da vida, parte daquilo que é apofantisíaco.

Quantas vezes os homens se superaram! E quando isso acontece seus semelhantes muitas vezes põem-se a chorar copiosamente, o abdome tremula e se alterna com tal choro glorioso, em que as lágrimas derramadas parecem lavar todos os nossos pecados.

Os milagres acontecem continuamente. Por que não sonhar que esses dias se tornem cada vez mais frequentes e o homem se torne finalmente, realmente, espetacular! Para viver uma nova vida.

Para viver o que talvez ainda não tenhamos vivido. Para talvez finalmente exercer a vida e mostrar, com os olhos repletos de lágrimas salgadas, todo Deus que existe dentro de todos nós.

"Honrar nosso mundo é dever de todo ser vivo".

Por Tom & Jerry

Tom era um gato muito esperto. Às vezes, depois de passar o dia inteiro atrás do Jerry, bebericar uma quantidade imensa de leite, deitava de costas no jardim e mirava atentamente as estrelas do céu. Ele realmente achava que era filho de uma delas. Tanto é assim que, no meio daquela imensidão, ele acabou se identificando com uma que ficava no canto esquerdo superior do céu do Tom.

Tom imaginava, em sendo filho dela, como deveria ter sido longa sua viagem até ela a partir da sua casa primordial, a Terra. É incrível, pensava ele, alguma coisa lhe dizia que não tinha sido através nem daquelas imensas máquinas de aço que expelem fogo, nem daquelas máquinas de rodas ruidosas, que hoje preenchem as ruas por onde de vez em quando passeia.

De repente, disse a si mesmo – acho que cheguei aqui por mágica. Passou então pela sua cabeça que o céu não tinha fim e de certa forma aquilo o acalmou.

Afinal, ele era um gato atormentado. Nunca tinha conseguido nem ao menos chegar a menos de um metro do Jerry. Ele não se lembrava há quanto tempo corria atrás do Jerry. Aliás, o tempo era algo que Tom sabia que não sabe o que era.

Às vezes achava que acelerava, às vezes que demorava, mas tinha dificuldade de compreendê-lo. Talvez, pensava ele, achava que na verdade jamais teria capacidade de compreendê-lo.

Depois de tanto pensar nessas máquinas viajantes, Tom bateu no peito com suas patas e disse a si mesmo que todo esse universo só poderia ser alcançado quando ele mesmo o enxergasse por inteiro dentro dele.

Depois daquele dia, Tom nunca mais foi o mesmo. Não é que ele tenha deixado de correr atrás de Jerry, mas ao compreender que sua caça também tinha vida, igual à dele, a sua compreensão da caça se valorizou. Então, Tom sentiu que Deus, ele mesmo, dele se aproximou.

E foi aí que de repente teve orgulho de ser um belo gato e tudo à sua volta ficou cheio de cores. É incrível, uma calma apaziguadora estava no fundo do seu coraçãozinho e sem nem mesmo saber por que, não era mais tão importante conseguir um dia pegar o Jerry, o bom mesmo era correr atrás dele por toda a sua vida.

Capítulo II

Fale comigo

Se for falar da vida
Fale comigo
Pois ela extravasa em todas as direções
Tantas quantas forem as dimensões

Se for falar de amor
Fale comigo
Pois os deuses me mandaram uma filha legítima
Que ama as flores e os jardins

Se for falar de filhos
Fale comigo, pois na presença deles
O trabalho e as obrigações enfiam-se na lixeira

E se for falar de vocação
Fale comigo
Pois exerço a minha profissão
Com a pureza do sacerdócio
E jamais como qualquer obrigação.

A Vida

66 Os religiosos só acreditam em Deus, os filósofos acreditam em tudo que é divino, mas também naquilo que tem caráter apofantisíaco".

Deus e vida são sinônimos!

Os humanos são jovens. De todas as religiões, cultos, profecias e leituras, talvez a melhor palavra para se direcionar a Deus seja elegância. Ninguém honra a esse mundo como Deus. Tal é o seu poder, preencher o mundo com vida é sensacional.

Ah, como a vida é boa, existe algo melhor neste mundo do que a vida? Sempre evoluindo, criando, lutando, cantando, amando, procurando o belo! É assim que a vida quer enxergar a nós durante seus dias.

No fim do século XX, e início do século XXI, eis que a física declara que a menor partícula subatômica não tem massa, ou seja, somos um monte de nada! Um nada circundado por pequenas partículas subatômicas ou nanopartículas que não param de se movimentar e circular ao redor deste mesmo nada.

Não sabemos nem mesmo se o nada é capaz de se movimentar. É exatamente neste momento que se reconhece o mistério, a magia, que a vida é espetacular e brilha com Deus.

Lavoisier disse: "todo grande cientista aproxima-se de Deus", pois reconhece mais profundamente o verdadeiro significado da humildade, do limite inferior da razão e o real esplendor da existência.

Os demais tendem a se afastar dele. Um bom exemplo é o atual cientista Richard Dawkins, *best-seller* que publicou categoricamente que para a ciência, com a finalização do genoma humano e grande parte do genoma do ecossistema existente no nosso tubo digestivo e suas complexas interações (microbioma), a formação das proteínas, os sinais do nosso motor que conspira para a vida, Deus não existe. Só podia ser americano.

Na verdade, acredito que Deus nasceu na Bahia, estudou na França e tem uma amante na Itália.

A criação apostou na vida. Tudo conspira na sua direção. O mundo lutou com emoção e devoção para o surgimento da vida. Trata-se de um grande fenômeno da Terra, mesmo que as primeiras formas de vida ou as primeiras nanopartículas vivas tenham vindo de outros planetas, através dos cometas.

Quando se reflete sobre a anencefalia, pode-se perceber essa conspiração claramente. Por que será que muitas vezes um anencéfalo não morre no momento de seu nascimento?

Além disso, que motivo diabólico colocaria uma mãe em tão sinistra situação?

Amamentar um verdadeiro monstro que terá uma vida tão

breve. O recém-nascido anencéfalo tem alterações na calota craniana e outros dismorfismos que lhe dão um aspecto assustador.

A vida foi gerada após infinitas lutas e guerras moleculares à beira-mar. Ou de trilhões de nanopartículas, ou quem sabe até menores que isso, sempre à procura do melhor encaixe, à procura da mais perfeita polimerização, para que fosse possível que só algumas dessas partículas pudessem descobrir o caminho e crescer e assim a vida enfim nascer.

A vida aposta na vida a qualquer preço e a qualquer custo. Melhor gerar uma vida curta do que vida alguma. Ser monstro é critério humano. O entendimento profundo dessa luta grandiosa deve fazer nossas mentes humanas refletirem quão sagradas nossas vidas são.

Essa é a lei da natureza.

A diversificação de seres animais e vegetais alimentando-se uns aos outros, ao invés de ser considerada como gestos de horror, representam frutos transformando-se neste jardim supremo de que nós fazemos parte, chamado vida. Prestemos atenção na natureza, na sua diversidade, com eterna solidariedade àquilo que há de mais sagrado.

Respeitar a natureza e a biodiversidade é um ato sagrado. Não nos esqueçamos da beleza da cooperação da vida que se pode observar entre tantos animais.

Das anêmonas com os maravilhosos peixes palhaços, por exemplo. Estes estão sempre a limpar os tentáculos de microorganismos, protegidos do potente veneno das anêmonas pela sua incrível oleosidade, proporcionando essa verdadeira visão de carícia que os tentáculos das anêmonas oferecem ao corpo inteiro dos belos palhaços.

Leônidas Caires

Seu nome é Leônidas Caires. Sua religião é católica. Mas existe algo dentro dele que é um sentimento infinitamente mais poderoso que a sua religião, é a sua fé.

Seus dias de trabalho árduo, como para todos aqueles que realmente trabalham, não têm a menor chance de arranhar a sua crença em Deus. Nos fins de semana, Léo não trabalha e pode descansar, passear, ficar com a família.

Porém, aos domingos, não dá outra, tem missa. Isso o deixa muito alegre. Mas aconteceu um dia de começar a desagradar um de seus melhores amigos, um tal de Hélio.

É simples, Hélio admirava muito a postura de Léo, sua incrível calma e a segurança com que vivia. Aos domingos Hélio queria ficar com Léo e também com seus amigos. Mas Léo nunca deixava de ir à igreja.

Certa noite, então, Hélio disse a Léo: – eu não acredito em Deus.

– É mesmo? – retrucou Léo... Pois então venha comigo que eu vou mostrá-lo a você.

Saíram num Fusca branco antigo perto do bairro de São Mateus. A noite estava muito iluminada por estrelas que talvez, de propósito, tenham resolvido naqueles instantes se mostrar mais belas ainda a esses dois amigos. De repente, Léo estaciona o carro e pede para seu amigo acompanhá-lo.

Juntos, ao lado do velho Fusca, Léo aponta para o céu e diz:

– Sabe, amigo, eu posso realmente te compreender.

Hélio responde: – é mesmo?

– É claro, você está vendo todas aquelas estrelas?

– Sim, responde Hélio.

– Pois é. Não foi você mesmo que as colocou lá?

Hélio não respondeu.

Léo continuou

– Ah, posso imaginar o trabalho que você tem todas as noites. Imagino, com a luz de velas, quanto tempo você demora para acender todas elas.

Nesse mesmo momento, no fundo do bairro, parentes veem dois amigos abraçados, tão belos, que a amizade transformou a ambos na verdadeira elegância. Não se sabe se Hélio mudou de ideia, mas a partir daquele dia nunca mais ousou aporrinhar seu amigo quando este o deixava para ir à igreja.

Os anos passaram, a amizade evoluiu e sabe-se que tanto Léo como Hélio não estavam nem aí para o que cada um pensava, pois a amizade que os uniu se transformou em real alquimia e transbordou em pequenas gotas de fé do suor da testa e da alma de Léo no espírito de Hélio.

Foi nessa noite que as estrelas do céu brilharam tanto que assim iluminaram como nunca o bairro de São Mateus.

Capítulo III

Dia do sultão

Não há nenhuma mulher
Que faz mímica de brava
Como faz o meu amor
Quando está feliz e irradiada

Ah, um carneiro assim então
Não há mesmo mulher alguma
Pelo menos na terra
No céu quem pode saber?

Mas afinal, qual é o sabor da comida?
Será o da própria vida que ela continha?
Do tempero que se adiciona?
Ou da maneira como se prepara?

Ou será do profundo amor
Da cozinha da sua mulher
Que exala toda essa magia
E traz o prazer verdadeiro de bem comer

E assim numa tenda
Cheia de especiarias e feitiçarias
Deita satisfeito
Um nobre sultão apaixonado.

O Ser Humano

O ser humano é uma representação da vida, assim como a razão uma simples manifestação humana. Da razão originou-se a ciência. Através dela, o homem realiza centenas de sonhos. Voar num avião, correr mais rápido que o mais veloz dos animais, com seus carros endiabrados, clonar um belo animal, construir belas cidades; a ciência deveria estar voltada somente para os sonhos e a qualidade de vida dos homens e dos animais.

Infelizmente, em toda sua jovialidade, neste momento, em especial, a ciência desvia-se constantemente do seu caminho. Com a tecnologia, a razão tem a missão de conspirar para o bem primordial. No entanto, no nosso mundo contemporâneo, a tecnologia tem nos desumanizado em um ritmo exagerado.

Exemplos não faltam. A Internet e toda a informação conectada entre os povos da Terra estão levando o homem à mais profunda solidão.

A medicina dominada pela indústria farmacêutica, com protocolos de atendimentos indiscriminados, como se houvesse dois homens iguais na terra, obnubila a verdadeira arte de Hipócrates.

O mundo espiritual desaparece em cada um de nós dando espaço a uma tecnologia essencialmente materialista, fazendo com que acreditemos que o homem nasceu para comprar e vender. Num confabular demoníaco, criamos cada vez mais um corporativismo, em que reina absoluta falta de franqueza, dignidade, honra e nobreza, ou seja, faltam os mais belos sentimentos humanos.

É preciso resgatar esses sentimentos que existem em todos nós, é preciso resgatar, sobretudo, o amor, a máxima expressão da vida. As multinacionais e o excessivo valor ao dinheiro do mundo corporativo são hoje nosso maior inimigo. Acredito que corremos sério risco de sobrevivência. Muito maior que as catástrofes climáticas previstas.

É tão simples lembrar-se de Deus e do amor. Basta prestar atenção no céu, uma bela tarde de outono, em que em tons sobrepostos aparecem nuvens multiformes, aveludadas, que afagam a vida na Terra. São pedaços celestes de um azul ígneo e cristalino. Logo cedo, durante o caminhar, sentir o mágico chacoalhar das plantas caídas que atapetam nosso caminho.

Falar do ser humano é pensar na ambiguidade primordial. É óbvio, o homem é espécie jovem, não está pronto e nunca estará. É justamente aí que se encontra a magia, a esperança e a utopia de um homem cada vez melhor e sensacional. A ambiguidade e a oposição estão presentes em toda a fisiologia e em toda a física. Na verdade, talvez, se o nada realmente existir, ele será o real antônimo do apofantisíaco.

Enquanto houver mistério, sonho e amor, nossa espécie por aqui permanecerá. Toda essa moda de mundo corporativo não vai poder resistir à vontade de sonhar e à nossa sede de viver. Oh, pequeno ser humano infinito, dentro de cada um de nós o universo se desnuda; se ele soubesse que a maioria de suas doenças desapareceria com um vigoroso olhar para dentro de si mesmo.

A maldade, assim como a bondade, não está lá fora, está dentro de nós mesmos. Nada, absolutamente nada faz mal, e nada faz bem; esquece-se de uma palavra mágica, a quantidade. O anestésico e o veneno de cobra são exemplos dessa ambiguidade, pois, dependendo da dosagem ajudam a salvar ou podem matar. Até a água, vital para todo metabolismo, pode nos matar, dependendo da sua quantidade. A razão deve compreender esse processo. A razão, assim como todo o resto, não está estacionada em nenhum lugar. Aliás, Deus não está parado no céu olhando para as estrelas, julgando homens e animais, mas está evoluindo com todos nós!

Não basta somente acreditar, é preciso ter fé, ajudá-lo, é o mínimo respeito que devemos ter com os nossos antepassados e o dever de honra com os nossos descendentes. Quanto sacrifício foi preciso para a vida nascer! Será mesmo que alguém pode achar que nasceu para comprar, vender, pagar IPTU, IPVA? Será que uma BMW faz um homem feliz?

Devemos resgatar nosso verdadeiro caminho, olhar dentro de nós mesmos, descobrir nossos verdadeiros talentos. Todos os humanos têm a bondade dentro de si mesmos. Darwin previu que milhares de espécies novas vão nascer, que o homem mais maravilhoso há de ser e que fulgurantes sentimentos humanos se desenvolverão com o passar dos anos.

Esse é o verdadeiro ser humano; apesar de sua violência atávica e tudo de ruim que ainda possuímos, vamos torcer para que ele consiga vencer esse vírus infernal que no século XXI quer de nós se apoderar e nos destruir.

Vamos combater o corporativismo e voltar a viver; afinal de contas, esse é o mínimo respeito a tudo que é sagrado. Jamais deveremos nos esquecer de que ainda não somos totalmente dignos de paixão.

Nossos sistemas presidiários, a tortura, a matança inútil de animais, a capacidade de empalar alguém, por maior que tenha sido seu crime, mas, sobretudo, a falta de perdão são ainda resquícios de pobreza que perduram no interior da alma humana. Mas, ao invés de citá-los diariamente na mídia, na televisão, ao invés de incentivar essa mancha de caráter humano, vamos melhorar.

Temos que fazer a apologia da apologia. Como os diamantes que brilham, assim como brilham as estrelas no céu, vamos trabalhar nosso espírito e transformar nossas almas em nada menos do que belas constelações, para que seja digno e justo ao ser humano realmente habitar a Terra. É tão fácil na verdade, basta por um segundo imaginarmos o mundo sem nós alguns milhares de anos atrás.

Quanta paz. Não há mal nenhum em nenhum lugar. Os animais e os vegetais estão simplesmente a viver. As trocas de formas oriundas das lutas pela vida só melhoram a capacidade de existir das criaturas. Sente-se a paz primordial. Não é utopia. Pode se tornar realidade.

Sempre disseram na ciência que a gente evoluiu agregando as experiências do passado e as vocações contemporâneas. Pois é só isso. Vamos nos lembrar dessa alma animal tão pura que ainda existe dentro de nós e agregá-la aos nossos conhecimentos modernos e queimar com fogo eterno, gradativamente, os sentimentos funestos que adquirimos durante nosso tempo.

Afinal de contas, nós somos jovens perto do tempo da Terra.

Essa é a real força que possuímos para alcançar tal proeza, para que todo humano um dia possa ter real orgulho da alma que possui.

Patrícia

As estrelas são sóis.

Mas os sóis são ovais, as estrelas são pentagônicas. Ao olhar para o céu só vejo estrelas e raramente percebo o sol, vejo a vida cheia de energia, repleta do espírito de origem primordial.

Sinto também o amor da beleza magnífica que preenche toda a presença espetacularmente criada, que tanta luz é capaz de gerar e assim iluminando as noites com os movimentos a pulsar da vida.

Não podemos deixar de apreciar as estrelas.

Elas têm o poder de relaxar os nossos mais hediondos movimentos, de agressão, de desgosto, de destruição. Basta olhar para as estrelas e por poucos segundos refletir na maravilha que é participar de ter podido sentir tudo isso, sermos invadidos, pelo menos nesses momentos, de uma paz e felicidade, que, quem sabe, Patrícia, um dia vão reinar mais ainda na alma de todo ser humano.

Exemplo mais belo do ser humano. O que pode ser mais belo numa mulher do que ela ser simplesmente uma mulher? Ciclotímica, nem sempre está de bom humor, pena que os homens não saibam que isso é melhor ainda.

Pois a vida para a minha mulher não conhece o corporativismo humano do século XXI. Se a China se vendeu, minha mulher continua a amar seus cachorros. E estes jamais darão lucro para ela.

Existe um mito grego que diz que Psique iluminou com luz de velas o rosto de Eros a mando de suas irmãs horrorosas, que tinham ciúme dela. E Eros falou: – por que fizeste isso? Ao me iluminar, o mistério entre nós terminou. Então, não posso mais te amar.

A resposta é – ah, meu grande amor, se eu fosse Eros e você

Psique, não importaria quantas velas você acendesse e iluminasse meu rosto e o meu quarto, seu mistério não estaria ao alcance do que os meus olhos poderiam ver; por mais velas que você acendesse, seu mistério para mim nunca terminaria, pois ele está escondido mais fundo, no limite do buraco negro da sua alma, ah, meu grande amor.

Foi quando eu ouvi você cantar pela primeira vez, quando eu a vi dançar, cuidar do nosso jardim, foi quando a vi amamentar meus filhos, ser uma verdadeira escrava primordial da sua família, só assim então pude compreender sua eterna alegria de viver. De maneira que, se você se lembrar da lâmpada mágica de Aladim, ah, se eu a possuísse, eu sempre escolheria a mesma coisa entre todas as coisas outras que alguém pode escolher, eu sempre escolheria ter conhecido você.

Se todos os humanos da terra fossem você, Patrícia, o mundo estaria melhor. Que o nosso amor ilumine algumas outras almas e as faça perceber que não se resolve nada, coisa nenhuma, mas que tenham sempre no coração que será sempre uma honra poder ter existido, respirado o ar, amado a carne e o espírito, pois que gerações infinitas talvez hão de passar e assim sendo, quem sabe, uma minúscula parte do nosso amor para sempre há de lhes acalentar.

Acredito ter vivenciado três milagres durante a minha vida. O primeiro foi quando quase perdi a perna direita e fiquei na incerteza durante textualmente quatro anos, quatro meses e dezesseis dias para recuperá-la. Com sacrifício e determinação, voltei a andar e hoje, por milagre, posso até correr.

O segundo milagre aconteceu há bem pouco tempo. Fui acometido de um acidente vascular cerebral que me deixou, por alguns instantes, hemiplégico, afásico e parcialmente cego.

Por incrível que pareça, consegui me recuperar quase sem sequelas. Voltei a estudar e a ser o que sou, um professor de medicina.

Pois foi assim que, em sendo professor de medicina, ao cada vez mais na minha vida explicar o óbvio, fui aprendendo, evoluindo, me educando e aprendendo a sempre melhor ensinar. Talvez seja muito mais nobre e inteligente ensinar o que parece óbvio do que aquele gene inimaginável escondido num miserável cromossomo cheio de DNA.

Mas esses dois milagres, não sei se significariam qualquer coisa em minha vida.

Pois o terceiro milagre aconteceu no dia em que, sem saber, eu pude te reencontrar e casar com você. E é assim que sigo vivendo. Acordando ao seu lado, parece que todo dia é um verdadeiro milagre. Obrigado, meu Deus.

Capítulo IV

Enquanto a vida passa

Passa tudo
Passa o dia
Passa a vida
Passa o minuto

O que não passa
No dia e na vida
Ou em qualquer minuto
É simplesmente tudo

Tudo é nada
Porém pura energia
Passa o dia
Passa a vida

Mas o amor continua
Podem passar todos vocês
O minuto, a vida e o dia
Que pra mim, amar você
Será sempre tudo.

O Homem, um ser social

Não é muito difícil imaginar como essa propriedade humana tem se desenvolvido através do tempo. Os agrupamentos animais ou os verdadeiros ecossistemas entre seres dos mais diversos tamanhos que existem uns dentro dos outros numa perfeita simbiose constituem uma lei característica de quase todas as espécies vivas.

A maior parte desses agrupamentos é composta por indivíduos da mesma espécie.

Se pensarmos no ser humano, e no ser social, há muitos exemplos de agrupamentos mistos. No nosso caso, o ser social começa no momento em que os homens tendem a se agrupar e cada vez mais trocam experiências ansiando melhorarem suas vidas.

Esses pensamentos geram longevidade e alegria. Essa união,

teoricamente, beneficia o próprio indivíduo, como cria a mais bela alegoria de sua vida.

As primeiras sociedades tendiam para a construção de cidades, teoricamente, a maneira mais digna, fácil e inteligente de o ser humano viver.

Na cidade, a divisão de tarefas já possibilitou uma vida magnífica para muitos povos, em muitas épocas. Muitos acreditam que, por exemplo, Egeia, região grega, era terra dos deuses e dos homens maravilhosos.

Acreditava-se que cada um de nós, naquela época, ao olhar ao seu redor, podia enxergar nobreza, beleza e bondade. Vivíamos uma época brilhante, em que o homem produziu arte inigualável.

Evoluíram a filosofia, a astronomia, a medicina, e a razão foi se transformando em algo cada vez mais de comprobatória evidência científica.

Dentro de muitas cidades do passado, a vida foi realmente espetacular. Imagine, Patrícia, amar e viver numa pequena cidade grega, à beira-mar, na época de Platão, Sócrates; com verdadeiros jogos olímpicos.

Por falar nisso, como é triste ver nossos jovens atletas atuais serem vendidos e comprados como mercadorias, escravos de dirigentes e marcas esportivas corporativas.

O atleta hoje deve vestir a cueca da Nike, a camiseta da Adidas, a camisa da Coca-Cola, o *short* do McDonald's, e assim por diante. A real beleza do esporte desapareceu, assim como a real beleza da vida.

A vida se desumaniza em uma velocidade assustadora. Mas, amor, pensar numa pequena e bela cidade pesqueira é o máximo. Passar um dia olhando para tão bela natureza. Peixe fresquíssimo pescado por nós, juntamente com dança, teatro, são reais ideais de beleza.

Escrevo isso neste momento, no meio desta avenida engarrafada, 23 de Maio, todos com enorme pressa para ir e chegar a tantos lugares, mas que, logo ao chegar, já sentem vontade de voltar, e sair correndo para outro lugar.

Não dá para parar. No céu de uma bela ilha grega, tenho certeza de que as noites estreladas não se perdiam, seus cometas, suas luzes, a lua; aqui o homem não consegue olhar para nada à sua volta, sua mente hipnotizada, sua visão obcecada pela avidez das reuniões, dos negócios, do dinheiro e do poder.

Perdemos cada vez mais a educação diante do nosso semelhante, deixamos de ser novamente sociais. Proliferam as guerras, disputas e a miséria.

O homem tende a ser um ser miserável e decadente. O Haiti é um belo exemplo. Um país abandonado durante anos, com uma pobreza imensa, cada um por si, recebe agora um golpe fatal, um terremoto avassalador.

Eis que aparecem países oferecendo ajuda e muito dinheiro num gesto deplorável do ser humano, oportunismo. Levar vantagem da desgraça alheia não pode gerar alegria. No Brasil, o presidente ter a coragem de oferecer 350.000 dólares para a saúde dos haitianos, como se o SUS brasileiro não constituísse o verdadeiro espelho da decadência humana.

Não é por nada não, mas primeiro deveremos nos ocupar do nosso país, a menos que o governo possuísse dezenas de Zildas Arns para realmente auxiliar a reerguer uma nação.

Mas, amor, será que a gente consegue encontrar no país de hoje alguém com tanta dignidade e nobreza, com facilidade?

É claro que não, todos os nascimentos de nações são acompanhados de lucidez, espiritualidade, conspirando para um melhor aproveitamento da vida.

Nossos semelhantes são abutres atrás de carcaças.

Jamais largam a carniça.

Os brasileiros querem atalhos para a riqueza e com isso acreditam que então passarão a ter felicidade.

Eles não pensam em ser, preferem ter. A construção de degrau em degrau, com auxílio de um árduo trabalho, para uma possível consolidação de um patrimônio honrado é vista como pura babaquice e ingenuidade. Para que perder todo esse tempo?

Afinal de contas; nosso idolatrado presidente afirma que ler dá azia.

O ser social de uma policidade é aquele que da maneira mais inteligente do momento vigente utiliza o conhecimento para uma divisão justa de tarefas, levando principalmente em consideração os talentos naturais individuais.

De qualquer forma, meu amor, numa superpopulação, ocorre muito poder ao ser humano para que ele possa ser social. Sonhar com uma cidade fantástica implica sonhar com um homem muito melhor que o de agora. Nós apostamos no amor, vamos esperar da vida dos nossos filhos, amigos, alunos, sinais animadores para que a nossa vida realmente possa nos orgulhar e ser espetacular.

No mundo da indústria farmacêutica é inacreditável o que eu li hoje: "a ciência consiste no valor da verdade mesmo quando é inconveniente ou perigosa". A maioria das pessoas acredita nesse interesse em si mesmo. Se ele, Darwin, foi cientista ou não, não interessa, mas só por ser impregnado pelo ódio da escravidão e viajar de Beagle e mostrar que somos iguais, para mim ele é e sempre será O Cara.

É muito mais que isso, melhor que um pseudocientista que parte trabalhos e os multiplica para gerar currículo; hoje na *Nature* o cientista deve ser cada vez mais cuidadoso, lembrar-se sempre que a verdade é temporal, assim como os modismos.

O homem não tem tanta influência assim sobre a natureza como ele pensa.

Atualmente, pelo modismo, querem dinheiro para despoluir o mundo. Pobres almas. Tenho certeza de que a Terra terá a idade que ela deverá ter, apesar dos homens.

Será que depois que bem explicadinho alguém pode acreditar que pode mudar a natureza reduzindo o que nós chamamos de emissão de Co_2? Lembremos, para sempre, nós somos e seremos sempre simples filhos da natureza!

A ciência é maior que os *papers*. Ao invés de mentir a si mesmo e querer se proteger, o homem deveria realmente se preocupar em simplesmente só querer viver. Será mesmo que se pode matematizar o espírito humano? Como se o mundo se resumisse no puro consumo de carbono. Ridículo! Nem toda progressão é uma evolução! Nem toda alteração é uma evolução! Talvez, por exemplo, evoluir seja voltar ao passado, reconhecer os mesmos caminhos e os melhores dias da vida que tivemos.

Será mesmo que a função da ciência é a de nos fazer entender melhor o mundo? Eu acho que não. Pois jamais entenderemos nada perto dos olhos da natureza e talvez a função da ciência, primordial, seja, simplesmente, fazer-nos acreditar que a vida é espetacular.

É incrível a prepotência dos homens e sua razão. Sócrates, Sócrates, Sócrates, onde está você? Diga para mim, diga para eles que você é o maior de todos e mesmo depois de morto continua sem saber nada e tem orgulho disso e que melhor que a missão do carbono é o ciclo lunar que nunca dependerá dos homens e de nenhum de nós.

Eu odeio essa palavra. Ela se chama grana – dinheiro. O filho do presidente quer fazer no Xingu o maior gado do mundo! Oh, oh! Prestem bem atenção. Um ser humano jamais poderá estar tão ligado ao dinheiro se quiser continuar a ser humano. Que todos vocês saibam que a razão, por mais que faça, sempre será pequena. E é por saber que somos pequenos, no mais amplo sentido dessa mesma razão, que a nossa única chance de poder melhorar é só isso: saber que a razão é bem pequena.

Obrigado, meu Deus, por ainda estar vivo e criativo. Obrigado, meu Deus, por ter vivido e poder dizer que fui existido e que eu vivi. Se eu puder, vou morrer de pé.

Por Magnólia, a rainha

Não há um segundo a perder. Devemos todas juntas construir nosso castelo e dentro dele produzir todas as joias e todos os diamantes que vão mantê-lo belo e harmonioso.

E de repente, como um raio no céu, Magnólia saiu pronta para namorar. Vieram numerosos varões cortejá-la. Logo após retornou para o lugar onde nascera, sua esplendorosa realeira.

Entretempo, suas colegas trabalharam ferozmente e armazenaram abundante quantidade de geleia para que o produto do seu voo pudesse completar o seu destino.

São quase 100.000 abelhas numa colmeia.

Tão pequena e tão maravilhosamente organizada, é o maior orgulho social da Terra.

Eu, a rainha, Magnólia, sinto-me realmente como tal. Porém, continuo humilde, podes crer, a minha exuberância é ínfima perto do meu destino. Cumpri-lo é um ato de nobreza.

Se não o fizesse, provavelmente nem mesmo Magnólia eu seria. Se depender só de mim, minhas tão fiéis amigas, vocês e milhões de descendentes continuarão a desfrutar da real beleza da vida.

Vocês beijarão bilhões e bilhões de flores, de todas as cores. Beijarão bilhões e bilhões de vezes seus semelhantes. O seu néctar passará bilhões e bilhões de vezes pelo íntimo de suas entranhas. Suas asas baterão tão velozmente bilhões e bilhões de vezes, que o seu zumbido sempre será também uma bela música na Terra.

É uma pena que nossos parentes humanos tenham se esquecido dos seus verdadeiros ouvidos e não possam mais nos ouvir. Acham que nossa melodia é uma arma de guerra. Tão grandes eles são e tão imensuravelmente covardes se tornaram. Mas não vamos ligar para isso, eles vão evoluir.

Vamos seguir voando, beijando e amando. São os exemplos mais belos da natureza que conservam o paraíso de existir e sempre durante um dia inteiro viver a cantar.

Capítulo V

Desespero

Se eu estiver exagerando
Basta você ir ao supermercado
E me deixar em casa sozinho
Andando de lá pra cá

Feito um velho enjoado
Sem ficar um minuto parado
Longe do seu eterno amor

Se o tempo demorar muito a se arrastar
Medo, angústia e frustração
Vão aparecer num clarão

Só porque naquele momento então
Não estou vendo perto de mim
Meu amor passar.

O Nascimento da Hipocrisia

Ao caminhar pelas ruas, posso ouvir pedaços de frases das conversas de tanta gente diferente. Surpreende-me sempre esse mesmo pedaço: "é uma humilhação". Creio que mais da metade da nossa população sente-se humilhada e completamente omissa, sem força, vivendo ao tocar dos relógios as refeições marcadas, simplesmente ao dia e à noite, sem o menor esforço para exercer um mínimo de livre arbítrio.

Por que esse desespero?

Porque hoje a sociedade é um desespero.

Patrícia, meu avô Moisés dizia: – Não confie em ninguém, em quase nada.

Alguns professores também me disseram: – Não confie nem mesmo num alfarrábio.

Essa falta de confiança, na verdade, deveria trazer à tona duas importantes reflexões: que é muito difícil estabelecer autoria de textos antigos e que é meio absurdo alguém realmente achar que é o único responsável por alguma coisa.

Nós somos um processo, assim como as vidas; ao criarmos algo original, nunca será à custa de uma ideia única, pessoal, mas sempre de um processo em que porventura alguém tenha tido uma participação importante, mas jamais única.

De certa forma, essa desconfiança inata, atávica, humana, deve ter influência na história da hipocrisia.

As respostas mais convenientes, mais fáceis, são escolhidas pela desconfiança.

Tanto isso é verdade que as pessoas, depois que se tornam amigas íntimas, geralmente contam verdades que, no início, não apareceriam em nenhuma conversa. Essa mesma conversa informal, falsa, com pessoas experimentando dezenas de máscaras diversas, transformou-se, no nosso século, com a ajuda da tecnologia, num verdadeiro monstro terrível.

Esse monstro está devorando o espírito humano, transformando as pessoas em máquinas, escravas do corporativismo, isentas de sentimentos, frias e egoístas.

Hoje, um ser humano é capaz, tranquilamente, de fazer propaganda de um xampu que nunca usou, sem o menor constrangimento. E o público também não enxerga a representação, mas liga a falsa beleza do ator ao produto a ser vendido. O consumo é o prêmio ao trabalho intenso, extenuante, na máquina que não para de ganhar e se esquece que "Numa terra finita, o lucro não pode ser infinito".

Vive-se uma vida comprando, querendo ter tantas coisas, mas

sem nunca realmente ter existido. Porém, absolutamente nunca é tarde para começar a viver.

Para que nossa civilização possa realmente sonhar em voltar a ser bela e incrível, é preciso que nós comecemos a viver.

Em primeiro lugar, é preciso começar a perder um pouco a pressa; já é um grande começo e um belo tiro no peito do capitalismo. Não é possível criar algo com arte, tendo pressa. Mas a arte é a melhor maneira de se passar a vida. É mais fácil mentir ou ser hipócrita falando ou escrevendo do que cantando ou dançando.

O fato é que os homens hipócritas não são, não serão e não podem ser felizes nunca.

O sonhado homem do amanhã, maravilhoso, será um homem que falará a verdade. O objetivo final que temos é caprichar nossos momentos, é o mínimo de respeito que devemos ter com Deus. Respeitar o mistério, a magia e os espíritos é gesto sábio. Acredito que um grande vilão moderno seja a televisão. Isso não quer dizer que jornais, cinema, teatro, igrejas e escolas não sejam igualmente culpados. Seria preciso agir na televisão com diálogo inteligente. É possível manter seu lucro, e até aumentá-lo, mas é preciso deixar e estimular as pessoas recuperarem a real beleza da vida.

Puxa, amor, hoje o dia não começou muito bem. Sabe o que eu vi na capa de uma revista? A vergonha infinita, o verdadeiro fim da linha, a pior miséria, milhares de notas de dólares juntas impregnadas em neurônios inferiores daqueles que tiveram a ideia de fazer da capa dessa revista a venda da imagem da alma da menina da família Nardoni.

Só vale a renda, amor. Só valem as citações. Só vale o sucesso. Só vale o ego. Baita maldição! Será que ninguém pensou por um segundo sequer no sentimento da mãe? O que vale é bola na rede. Afinal de contas, nós nascemos para ler manchetes sensacionalistas ligadas ao dinheiro, não é mesmo? Será, Patrícia, que pode existir alguma coisa melhor do que dinheiro? Lógico que não.

Eu acredito que os funcionários dessas revistas estão muito consternados com esse assassinato infantil, oh, oh... Tão terrível! E o julgamento, então? Repleto de jurados, juízes e advogados, podia-se perceber a saliva de prazer que eles exibiam, vamos julgar, vamos punir, vamos esmagar...

Onde já se viu? Que horror! Que na nossa presença atávica da vida ainda existam esses sentimentos hediondos que não respeitam nem mesmo a alma de qualquer criança.

E os leitores, confortados, ao verem os pais condenados, vamos condenar. É melhor do que viver. Melhor é condenar.

Amor, eu sou capaz de te jurar que é pela absoluta falta de coragem de se enxergar a si mesmo que o homem sente tanto prazer ao condenar alguém.

Malditos sejam todos vocês que perderam a fé em quem vos criou e que se esqueceram de todo o amor que um dia vocês tiveram, para sorrir na infância, para abraçar uma mãe, malditos vocês que sonham com vingança. Se esqueceram do perdão e do real valor da felicidade humana.

A mentira, meu amor, só pode existir mesmo quando ela for doce, sempre no sentido de evitar uma dor na ocasião de uma determinada hora errada. O certo é que acho realmente que jamais deveríamos mentir para evitar sofrimento pessoal.

É utopia trabalhar num lugar ideal, ter uma família incrível, amar o lazer com os amigos, e deixar de sonhar.

Porque a vida é um sonho e os sonhos simplesmente são. Para falar a verdade, basta dizer palavras que venham do fundo do coração. Muitas delas logo se transformarão em poesias iguais a essas, meu grande amor, que tanto orgulho e adoração tenho em fazer cada dia mais para você.

Quando se pratica arte, se realiza o próprio processo metabólico espiritual da vida. Nós transformamos reações químicas no interior íntimo de nossos talentos em produção externa de embelezamento; a beleza da natureza é a maior conspiração para a vida.

A vida precisa ser bela.

Portanto, a arte que gera a beleza é o antídoto real contra essa falta de moral humana. Essa hipocrisia universal que tomou o espaço das nossas ações. Como posso mentir para você?

Como posso mentir para o amor?

Será que alguém pode mentir para o amor?

Será que algum ser vivo pode mentir para o amor?

Sabe, Patrícia, não é verdade o que dizem por aí: que palavras boas e sentimentos bons atraem coisas e sentimentos bons.

É muito mais certo dizer que falar a verdade e sentir o amor significam a raiz da Terra para uma vida feliz.

Como posso não ser sincero diante de tanta beleza e humildade?

Basta-me estar com você que em todos os momentos posso sentir essa raiz, a Terra de verdade sob os meus pés e o imenso amor que está ao redor de tudo aquilo que vejo, escuto, respiro e vivo.

Sabe, Patrícia, existe um belo livro de George Orwell, *A Revolução dos Bichos*, em que em um determinado momento final de clímax ninguém mais pode distinguir os homens dos porcos.

Pois não é, amor, que a indústria farmacêutica moderna conseguiu fazer pior que isso? É o lucro infinito e a loucura insana. O poder patológico. Ao entregar todo um país africano e transformá-lo num caldeirão de *trials*.

Pode-se dizer nesse outro livro, diante de um clímax tão escabroso, que o espetáculo se transforma quando não podemos mais diferenciar os homens dos ratos. Ajudem todos os interessados nessa luta urgente que tende a destruir todos nós, assim como a própria Terra.

Balack e Mortícia

Enquanto o sol cruzava o céu de Balack, os raios desvencilhavam-se entre si, aqueles vindos da reflexão do gelo e da neve tornavam-se, no cruzamento, alaranjados, ou esverdeados, mas não, não era exatamente assim. Era um amarelo azulado, uma cor que os humanos não podem ver, mas Balack não era humano, Balack era um esquimó.

Ele podia seguir somente a sua lei impiedosa, à qual obedecia com nobreza.

Da energia sagrada da vida surgia seu Deus, tanto é, amor, que para honrá-lo, dispunha de numerosas preces originais e amuletos estranhos, porém sagrados; por exemplo, um olho de foca bem guardado. No fundo do seu grosso casaco.

Com sua incrível altura, com sua fé irremovível na natureza divina, Balack sentia o real prazer da vida durante a caça, a sua própria razão de viver e lutar, assim como tocam os anjos todos os pássaros a voar.

As raposas também faziam parte do seu refinado cardápio. Certa vez, ao lado de uma bela companheira, deliciou-se num nobre jantar à custa de duas suculentas raposas. Sob as estrelas, que estavam mais iluminadas devido a uma fantástica chuva de pequenos cometas transformando o céu daquela noite num quase real crepúsculo do entardecer.

Mas havia uma raposa que Balack jamais conseguira caçar. Seu nome era Mortícia. Era enorme, bela, pelos lisos cinza esbranquiçados, longos cílios cobriam seus olhos, que eram de uma raposa sem vergonha.

Mortícia era pelo menos 10 vezes mais esperta que Balack. Sua superioridade acabou por fazer com que ele se tornasse um querido conhecido para ela. Inclusive, depois de tantas vezes tentar pegá-la, Balack humildemente desistiu. Por fim, começaram a conversar, não exatamente com palavras, mas com mímica dirigida pelos seus olhos, e assim tornaram-se amigos simbióticos.

Mortícia prevenia Balack de qualquer acidente natural ou animal que estivesse no seu caminho. Ela era uma raposa. Balack, por sua vez, sempre que possível, oferecia parte de sua caça a ela. Ela então passou a amá-lo. E ele fez o mesmo. Inseparáveis por sobre o gelo que cobria todo o mar aberto, caçavam juntos e eram incrivelmente felizes.

Mortícia não tinha o menor ciúme das aventuras de Balack. Pelo contrário, assistia a todas muito emocionada. O sexo para a raposa e alguns outros animais do mesmo espírito é diferente do sexo dos seres humanos. O prazer é maior e mais natural, oriundo exclusivamente de hormônios maravilhosos e tão diferentes entre si, assim como não é possível encontrar na natureza duas fisionomias iguais.

O encontro dos hormônios é a maior conspiração para a vida na natureza. Para preencher esse mundo, com rara beleza. A vida é espetacular. É aí, então, que se pode pensar o porquê da vida assexuada ter se tornado sexuada. É tão simples. Foi para que o amor pudesse nascer.

Foi então que um dia aconteceu. Ao lado de certas montanhas erguidas no meio e no fundo do mar encontrar restos de animais, ou melhor, restos de espíritos chorando tão copiosamente que o barulho ensurdecedor dessas almas deixou Balack e Mortícia desacordados. Havia restos de raposas despeladas por todo lado. As carnes estavam trespassadas por imensos furos de bordas negras, impossíveis de se imaginar.

Afinal de contas, o que poderia ser aquilo, uma doença que

passou de um outro animal? A única verdade é que havia ali um sinal do diabo. Animais mortos e carnes desperdiçadas deterioravam-se ao léu. E Balack perguntou a si mesmo:

– Por que será que morreram esses pobres animais cujas vidas não puderam transformar-se em outras vidas mais extraordinárias ainda? O que será que aconteceu com eles?

Uma coisa era certa. Não havia resquícios de um só pequeno pedaço de pele em nenhuma raposa.

– Quem fez isso com elas? perguntou então Mortícia. Sabe, Balack, isso não está me cheirando bem. Eu só vendo a minha vida e o meu espírito por um caminho futuro de honra e glória.

– Não sei, respondeu Balack, só sei que não sou capaz de tamanha atrocidade. Pois eu só sou capaz de matar para comer ou me defender. Aqui de cima dessa montanha sagrada os animais adquiriram respeito por mim, têm orgulho de mim, porque eu não sei mentir. Eu só trabalho a favor da vida e da natureza. E é daqui de cima que pergunto a você agora:

– Oh, meu grande Deus, de tudo que foi, do que realmente aconteceu, me diga como foi que morreram tantos e tantos amigos da minha pequena amiga Mortícia?

E Deus respondeu:

– Às vezes um criador pode perder o controle da obra que foi criada. Caberá àqueles de fé perdoarem o meu erro e recuperarem o espírito partido de tal jornada.

Balack, então, no alto daquela montanha soltou um grande berro com muita dor e jurou a Deus descobrir o mistério das raposas. Ao chegar ao sopé da montanha, chamou Mortícia e disse:

– Vamos descobrir quem matou Lenira, que parecia tanto com

você, e todas as outras. Mortícia, vou levar minhas facas e sangrarei esse maldito diabo de tal maneira que desta vez o sangue, quando se congelar, não vai se transformar em neve branca. Será jazido em pedra negra, escura como a filha da escuridão. O sol cruzou o céu inúmeras vezes. Balack caçava para Mortícia, que por seu lado estava sempre muito atenta na sua tão importante investigação.

E assim passou tanto tempo sem nada acontecer de diferente além das vicissitudes do tempo da Terra que um dia Balack pensou consigo mesmo:

— Sabe, Mortícia, alguma coisa me diz que quando eu souber a verdade sobre Lenira e todas as outras eu não vou gostar. Eu posso sentir que algo horrível aconteceu com elas. Sabe mesmo, Mortícia, melhor assim, a ignorância muitas vezes pode ser melhor que a sabedoria.

Mas foi quando Deus quis que Balack descobriu o que realmente aconteceu. Naquela tarde Mortícia encontrou vestes estranhas jogadas na neve. O mais incrível é que elas não eram feitas de tendões, carnes e ossos. Eram feitas absolutamente e inteiramente de milhares de peles de raposa tratada. Os pelos eram extremamente lisos. Os espíritos que as envolviam sofriam tanto que não podiam realmente se afastar daquele lugar por mais de um instante.

Foi aí que Balack, com seus mais de dois metros de altura, começou a crescer e não parava mais. Alcançou uma altura descomunal. Cresceu nervoso e com fúria fenomenal. Com toda facilidade ele poderia carregar a Terra inteira com uma só mão.

Foram eles.

Malditos homens brancos.

Esqueceram-se das suas armas brancas.

Esqueceram-se de como se luta com elas. Perderam toda a honra.

E agora, com essas armas diabólicas de fogo, não possuem mais moral. Tornaram-se inúteis e covardes. Pior ainda, conspiram não só para o seu próprio fim, como de todos os animais da Terra inteira.

Covardes, pusilânimes, inertes homens do comércio em franca evolução para homens de escritório.

Distantes de Balack como o céu da terra.

Foi assim então, disse Balack para Mortícia, que o homem se tornou uma caricatura hipócrita. E essa hipocrisia não para mais de crescer. Assim como a sua covardia. Foi assim que nasceu a hipocrisia.

Nesse momento e nesse mesmo instante, Mortícia foi atingida por uma bala de espingarda. Sangrando e morrendo, olhando para Balack pela última vez, sem reclamar absolutamente de nada, ela simplesmente lhe fez um pedido sagrado.

Premeditadamente, como se fosse o próprio Deus na Terra.

Balack correu em direção aos acampamentos dos homens brancos com facas em ambas as mãos e pensou que ali encontraria a vingança, sangue, comida e acima de tudo, pensou, evitaria o massacre de outras raposas.

Porém, chegando próximo a um desses aglomerados de homens brancos, também chamados de homens de negócio, não foi capaz de matar qualquer um deles. Balack estava ficando velho e mais inteligente. Quando dessa vez chegou perto dos homens brancos, sentiu uma raiva que, apesar de tudo, deveria se transformar, na verdade, em pura pena. Afinal de contas, eles não eram mais humanos.

Porém, ao contrário de Balack, eles seguiam em outra direção. A caminho da noite eterna, da destruição em massa, na direção do encontro do nada primordial. Não, não era realmente preciso matá-los, pois eles já estavam mortos há muito tempo, só que ninguém tinha se lembrado de enterrá-los ainda.

Os homens brancos, por outro lado, olhavam para Balack como se ele fosse louco! Não podiam, é óbvio, entender tamanho amor! Essa pureza não existia mais em nenhum homem branco que, por se tornar tão mentiroso e passar a vender, eternamente, acabou transformando-se a si mesmo numa simples venda. Os homens brancos só não partiam para cima de Balack por puro medo. Afinal de contas, tamanho ignorante e inumano, pensavam eles, talvez seja imortal.

Foi então que num gesto sublime Balack ajoelhou-se e começou a rezar uma das suas mais belas preces. Os homens brancos, como que influenciados e enfeitiçados, começaram a imitá-lo e não demorou muito para que uma multidão estivesse a rezar e repetir tão estranhos sons que vinham a se transformar em palavras estranhas do fundo do coração de Balack.

Ao sentir toda aquela multidão, lá no alto do céu, o rosto de Mortícia apareceu agradecendo a Balack, que realizou seu desejo e perdoou todos esses pobres homens brancos, tão doentes, tão comerciantes, e fê-los recomeçar a rezar, ter fé.

– Quem sabe, disse Balack, Mortícia. Quem sabe um dia eles ainda possam ser merecedores de uma amiga tão bela, nobre e maravilhosa como você, minha eterna raposa Mortícia.

Os homens modernos vão precisar rezar muito, quem sabe durante séculos e séculos para que um dia talvez Deus possa perdoá-los por tanto mal que causaram na Terra aos seus semelhantes e a todos os seus irmãos, esses tão belos animais. E assim, como a natureza, reaparecer em todas as paisagens de neve, de mar, participar das cores, desses mesmos animais, daquelas deliciosas tripas de urso molinhas e apetitosas, do prazer que é ser crudívero. Dessa energia pura que eu sinto estar sempre comigo presente.

Um pouco antes de Mortícia morrer, Balack disse:

– Eu acredito. Eu realmente acredito. Hei de morrer assim. Num mundo melhor para o neto do meu neto. Para todos nós, porque acho que é muito simples. Bastaria que os homens enxergassem o mundo sob outros ângulos. Tchau, Mortícia.

Capítulo VI

A mulher que faz da minha vida um paraíso

Como uma seda transparente feminina
Quase tudo que é belo pode abraçar
E com todo o extraordinário vindo de um tão mínimo
Começa-se a entender o que é amar

Como adornos nos lábios ou nos olhos
Essa alma feminina vai viajar
Não interessa nem mesmo escolher atalhos
Pois ao lado dessa magia
Cada segundo é espetacular

Na hora que o estômago apertar
Aí sim a bruxaria vai se apresentar
Com um caldeirão cheiroso irresistível
Que toda paixão é facilmente visível

E depois de tanto se divertir
Aquela inacreditável cama se pôs a sorrir
Aprumada por aquela arte única
Que só a alma feminina pode conceber

A Ciência e o Homem

O cientista é um homem seduzido e obcecado pela beleza da verdade. Tudo que se relaciona com a vontade de saber é relativo à ciência.

Sabe, Patrícia, um dia eu assisti àquele filme chamado *A Voz do Coração*, sobre um menino que vê música em qualquer ruído. Eu, por exemplo, sempre enxerguei ciência em tudo que via, a ciência que senti do meu pai e do meu coração estão sempre ligadas ao mistério, à mais antiga curiosidade e verdadeira arte do saber.

Essa ciência do homem só pode brilhar se tiver um só caminho: "Melhorar a vida dos homens e dos animais". Mas será que no início do século XXI a ciência tem atingido o destino que predisse a sua origem? A ciência tem realmente melhorado a vida dos homens e dos animais?

A resposta é óbvia: – Não.

A ciência transformou os seres humanos em seres obesos, lentos e doentes. A maior parte da ciência está dispersa entre setores distantes do intelecto, que não interagem entre si, ou senão está feita e não interessa a ninguém.

O que adianta saber que o ânus da mosca da fruta é azul no outono e rosa no inverno? E daí? Qual o sentido apofantisíaco que tem isso? Quem é essa mosca? Para que serve seu ânus? O que a Terra tem a ver com isso? Pergunto:

— Essa cor também muda com as marés?

Essa quantidade de ciência dispersa precisa ser reunida. Uma nova profissão há de surgir.

O coletor de ciência.

Um incentivador de relações, reflexões, fatos, sentimentos, histórias e espíritos.

Se pudéssemos parar um momento para refletir sobre a ciência que já publicamos, sobre tudo que já escrevemos. Acho que não se trata de criar sempre algo novo, mas de pensar de novo tudo o que já foi criado. Milhares de vezes. Numa época diferente da vida, todo leitor humano há de raciocinar de duas maneiras diferentes. E proveito dessa situação tirar.

Sentimentos puros devem fazer parte das religiões do saber. Essa cortina diáfana deve ter compromisso eterno com a verdade, dela nunca se desviar e afastar todos os vírus que estão a se aproximar. Não são vírus propriamente biológicos que afetam o metabolismo humano diretamente. Tampouco vírus de computador.

Na verdade, são vírus que habitaram as almas dos demônios, que desviaram o caminho natural do ser humano. O vírus do corporativismo infame quer dominar a ciência. Fazer dela sua plateia e sua razão de existir. A indústria farmacêutica casou-se com o diabo.

Faz de negros africanos pior que escravos, cobaias de experimentos infames. Paga dinheiro a voluntários americanos para testar medicamentos processados, em geral de administração crônica. Viciaram os humanos, viciaram 6 bilhões de pessoas a tomar medicamentos por uma vida inteira. E não vão perder essa plateia por absolutamente nada nesse mundo.

E então, o que um cientista de verdade pode fazer?

Ser contra tudo isso, ser incomprável, ser invendável, ser verdadeiro, combater a hipocrisia, usar a mais profunda rebeldia, resgatar a honra e a dignidade, ou simplesmente emanar com sabedoria o momentâneo caminho equivocado que estamos traçando para nós mesmos?

A saúde não se compra na farmácia. Antes de tudo, a saúde é um estilo de viver.

O que é que adianta colocar um stent num obeso de 150 kg?

O que realmente faz uma angioplastia num indivíduo tão obeso? Ah, dizem certos cardiologistas, salvam a vida dele! Infame resposta. Vão transformando o paciente numa pessoa doente crônica, que precisará sempre de acompanhamento médico. Esses maus profissionais se comportam como verdadeiros funcionários das indústrias farmacêuticas!

É claro, custam muitas palavras, cumplicidade, respeito médico e, sobretudo, amor para que o obeso mude seu estilo de viver. A maioria dos médicos acredita que não há tempo para isso fazer. Os médicos foram engolidos pelo sistema.

A verdadeira arte de cuidar, retirar a dor, amenizar o sofrimento, curar, consolar a todos, como escreveu Hipócrates, está esquecida na alma do médico. Atender o mais que puder, internar, intervir cirurgicamente na dúvida, faturar. Infelizmente é assim. É no mundo inteiro. Deste cenário não escrevo palavras fortes, sabe, Patrícia, para não ofender ninguém.

Eu não sou diferente deles.

Afinal de contas, eu sou um simples médico.

Mas as digo porque conheci muitos deles em épocas passadas, quando tinham acabado de se formar. Eram médicos humanos. Queriam estudar. Éramos da Faculdade de Ciências Médicas da Santa Casa de Misericórdia da Cidade de São Paulo, com extremo orgulho.

Um lugar tão lindo no centro de uma cidade tão decadente. Tínhamos bons professores, que queriam nos ensinar medicina. Sabe, amor, que orgulho esses alunos podem ter. Eles foram alunos do maior patologista do Brasil, quem sabe do mundo, quem sabe de todos os tempos.

O Pelé da anatomia patológica. Ele chamava-se Walter Edgard Maffei.

Ele, já na década de 70, previu o que iria acontecer. Xingava todos os médicos da Terra. Como se eles fossem pior que os analfabetos. E nenhum deles, meu amor, nenhum mesmo, na frente dele foi capaz de ao menos discutir ou duvidar da veracidade ou da sabedoria do seu arrazoado.

Mas às vezes, como um bando imundo de ratos, longe do nobre professor, riam-se dele, não o compreendiam e, é lógico, chamavam-no de louco.

Sabe, amor, naqueles tempos, me lembro muito bem como os meus olhos brilhavam, como aquele pequeno homem podia ser tão gigante, tão puro, tão lindo, magro, cabelos brancos, puxa vida, se ele era mesmo louco, então eu e meus mais próximos amigos dizíamos uns para os outros: queremos ser loucos como ele!

Queremos a sabedoria.

Queremos estudar todo dia, como o senhor.

Queremos saber procurar as coisas mais certas para ler.

Queremos saber quais são os livros mais belos.

Quais são os melhores livros.

O que é a vida, a morte, a saúde, as estrelas.

Queremos saber o máximo possível.

Esse foi o meu maior professor de medicina.

Walter Edgard Maffei.

Deu motivação para o meu coração querer ser. Ele não pediu para a gente comprar nada. Ele incendiou tudo que era ímpio dentro de nós e transformou-nos em jovens ígneos, ele transformou a impiedade na ignição, valentes, marchando para um destino nobre.

Ah, Maffei, você previu há cinquenta anos o que iria acontecer com o mundo, você previu o que iria acontecer com o amor, você previu o que iria acontecer com os médicos, você previu o que iria acontecer com as empresas.

Sabe, Patrícia, ele odiava os bancos, como eu. Não é maravilhoso? Pode acreditar em mim, Patrícia, Maffei foi um homem tão importante quanto foi meu pai. É simplesmente fundamental, numa época como a nossa, que se procure no mundo outros Maffeis para resgatar o espírito de um verdadeiro professor de medicina.

Assim como de outras especialidades: o professor de história, de geografia, de física, de química. Sabe, eles existem. E são essas matérias hoje em dia que estão sendo ensinadas através de textos de computador, meu amor.

Eu te juro, não se pode aprender realmente nada no computador. Ele é uma máquina. Deve estar a serviço da mente humana. Jamais no comando. Ele é uma máquina de escrever nova, um verdadeiro, como aliás sabiamente dizem os franceses, um verdadeiro "ordinateur".

Um médico que menospreze os sentimentos humanos, na minha humilde opinião, jamais poderia exercer tal profissão.

É preciso um Maffei, é preciso um Benjamin José Schmidt, que formou centenas de pediatras e médicos jovens dignos no Brasil. É preciso a mente humana elaborar o arrazoado. Ela não é capaz de ser a mesma em nem mesmo uma única aula.

Ao passo que os computadores... são textos sempre iguais.

O homem não. Ele a cada dia se transforma, o homem não é um saco onde simplesmente se colocam informações. E, amor, uma coisa é uma coisa e outra coisa é outra coisa. Ensinar é nobre. O homem todos os dias muda. É o processo da vida.

Se não bastasse isso, o coração do homem, que segue um caminho digno, tende a melhorar suas virtudes, que vão sendo cada vez mais enaltecidas, enquanto os seus vícios vão sendo controlados ou vencidos. E quanto à farmácia moderna...

O que pode fazer o maldito medicamento numa doença autoimune, ou em qualquer outra doença de origem emocional cuja causa é o próprio sentimento?

Um cientista não é simplesmente um homem que publica periódicos indexados, nem mesmo, no fundo, no fundo, que seja o mais citado. Na verdade, na verdade mesmo, ser cientista é exatamente isso. É ter um compromisso com a verdade divina. Com a humildade sincera, que, ao lado de toda essa instrução, sente-se como a ciência também pode ser a origem de uma paixão.

A indústria farmacêutica tem que prestar serviço à ciência e jamais o contrário. Os médicos não podem ser diminuídos, assim como a arte médica, e se tornarem vendedores de remédios, funcionários baratos do marketing farmacêutico. A ciência também tem o dever de zelar pelos animais.

Nenhum cientista pode realizar um trabalho científico sem valor, matando quarenta cachorros para obter um insignificante mestrado.

Não vai ser torturando animais que a ciência há de evoluir. Muito pelo contrário, é sendo cúmplice de tanta vida e beleza que a ciência um dia será realmente bela.

Vamos torcer, meu amor, para que em breve, quando alguém disser que é cientista, a gente respeite a ele como se ele apontasse para nós um pequeno dedo de Deus.

Rabino Abraão

Estavam numa pequena reunião, o rabino Abraão e seus alunos de religião. Quando de repente um deles perguntou:

– Sabe, rabino, ouvi por aí dizer que os cientistas do DNA vão provar que Deus não existe. Vai ser possível construir uma vida. Mutantes cachorros-preguiça, lagartixas-cobra, minhocas-sabiá etc. E aí professor? Onde fica Deus nessa? E todo o nosso judaísmo?

E Abraão sorriu para o aluno e tranquilamente respondeu:

– Não tem absolutamente nada a ver uma coisa com outra. A ciência é espetacular, a razão vai evoluir, mas nunca devemos perder a humildade, se quisermos realmente evoluir e sermos felizes. O genoma é um projeto fantástico. Talvez não hoje, mas ainda há de abrir portas para terapia gênica. Mas isso de maneira alguma significa que Deus não existe. Muito pelo contrário, ele é maravilhoso. Pois quem foi que fez as peças que constituem o genoma do homem, que podem construir qualquer animal de laboratório?

– Não, meu querido aluno, para aproximar-se de Deus, muito além da razão, sempre deverá sentir o seu próprio coração. Penetrar dentro dele tão profundamente, voltar a tantos séculos atrás, tanta neve, tanto fogo, ciclos de gelo, ciclos de calor, para realmente sentir a emoção real de como essa vida é espetacular, tal qual Deus a todos nós propiciou.

Capítulo VII

Se fosse só um sonho

Se for um sonho
Não quero acordar
Não vou tomar banho
Não quero me molhar

Me deixa sonhar
O amor é um sonho
Ver você brilhar
Com lábios risonhos

Ah, o sonho
Bem melhor que só um dia
Porque posso voar
E ver por cima
Você passar

Me deixa
Me deixa sonhar
Que bela maneira
De sempre te amar

Sentimentos humanos

Caráter, honra, honestidade, coragem, simplicidade, amor, são tantos e tantos e tão cheios de magia os sentimentos mais belos humanos.

A duração desses sentimentos leva a uma contemplação da vida caprichada e vivida com intenso amor. Eu, a cada dia que passa, amo mais ainda você, meu amor, e é o seu capricho em tudo o que você faz na vida, como você me trata, como você trata os meus filhos, os cachorros, os jardins, o que me enlouquece. Um dia no campo com você é um sonho de voo dentro de um paraíso repleto de estrelas. Um dia na praia ensolarada é um vento suave que abranda meu corpo queimado. Você faz tudo isso naturalmente, sem o menor esforço. Os bons sentimentos têm uma só direção, que é essa mesma vida vivida com amor.

Esses sentimentos, no entanto, têm sido frequentemente

esquecidos, por falta de movimentos, que é exatamente o que caracteriza a própria vida. Nesse aspecto, estamos sendo vítimas de nossa própria tecnologia. O computador tem deixado nossas crianças reféns de nossas próprias casas; aliás, não são só as crianças, mas é o mundo inteiro que se interconectou.

A vontade excessiva de ter, possuir, e o capitalismo também servem para enfraquecer os mais nobres sentimentos humanos.

Acima de tudo, o corporativismo mata a amizade. Na luta pelo dinheiro não tem espaço para amigo. É cada um por si. Máscaras hipócritas para todos os tipos de relacionamentos. A amizade nasceu durante uma época em que os humanos caçavam para viver, com risco de vida, uma marca profunda de confiança entre verdadeiras almas humanas amigas. É preciso fazer de toda essa tecnologia um instrumento de prazer ao homem. Simplesmente isto. Mas ela não pode tirar nosso movimento. Um ser humano não pode passar uma vida inteira fazendo dentro de uma produção um pedaço de alfinete durante anos, sem ter compromisso com a peça inteira. Ele jamais será feliz no seu trabalho.

Para que os sentimentos humanos floresçam, é preciso que o trabalho seja realizado e, sobretudo, escolhido por uma questão de desígnio. Se possível, se pudéssemos viver com arte todo o tempo. Explorar cada um de nós seu talento congênito, talvez, em vez de medo de morrer, quem sabe se esforçar um pouco para caprichar mais no seu viver. Alguns deficientes físicos, atletas ou não, são uma infinita fonte de inspiração. Principalmente, então, para aqueles que têm o espírito muito fraco.

Toda vez que um deficiente físico é chamado pelo nome, com honra, é porque as pessoas que estão nesse momento ao seu lado deixaram de enxergar sua deficiência física, qualquer que seja, para simplesmente ver um homem.

Sabe, Patrícia, meu pai me dizia: – Não é vergonha não ter dinheiro, nem ser frustrado, vergonha mesmo é um homem que não tem honra.

A razão humana tem que ser o melhor motor para o desenvolvimento dos nossos sentimentos. E o aprimoramento daqueles que já possuímos. Acredito, amor, que através desses nossos sentimentos o universo expressa a sua essência na natureza.

"A amizade é um sentimento tão belo que, por si só, já daria a qualquer um de nós a vontade de ser um ser humano".

"Da beleza que é poder dizer que se tem um amigo".

Ticiane

Certo dia, ao olhar pela janela e ver o céu azul tão claro que as nuvens pareciam sob um sol quentinho e aconchegante, compreendi que o mundo está aí, na nossa frente, basta saber vivê-lo; apesar deste belo dia, eu estava de mau humor, com tanta preguiça e absoluta falta de vontade para fazer qualquer coisa.

É exatamente nesses dias que às vezes precisamos de um guia, para mostrar o nosso verdadeiro e belo caminho, lembrar a nós dessa janela do céu que se encontra atrás dela e refletir um pouco sobre a vida dos outros para compreender verdadeiramente um pouco melhor a nossa própria vida.

Pois outro dia não é que uma guia anja me apareceu? Dessa vez, apesar do céu cinzento, eu estava muito feliz. Era uma menina, mas parecia uma mulher. Tinha só 18 anos, deficiente física, com amputações diversas nos membros superiores e inferiores, vítima de sequelas de um processo inflamatório quase fatal. Seu rosto era realmente de anjo. Sua voz, uma música feita pela paz que só ela poderia transmitir. Docemente, contou-me toda a sua história.

Em relação à parte médica, disse-me que estava sentindo muita dor nos joelhos, porém nem um segundo sequer reclamou de todas elas, absolutamente, muito pelo contrário. Na verdade, existe uma diferença muito grande entre referir uma dor e reclamar dela.

Os médicos também não deveriam ouvir reclamações, mas a vida está tão difícil que os verdadeiros médicos também são santos. São responsabilizados por tudo de ruim que acontece com os outros.

Além dos joelhos, tinha uma coisa que estava lhe preocupando muito. Ticiane me contou que, durante os treinos de natação no esporte adaptado, tinha muitas vezes de parar subitamente. Sentia uma taquicardia intensa, com intensa vermelhidão. Esses sintomas apareciam quando exercitava os tiros. É óbvio que Ticiane não possuía recursos financeiros para ter mais vigiada a sua saúde. Assim como receber uma atenção decente e merecida. Afinal de contas, Ticiane é campeã!

E Ticiane completou – Eu não tenho dinheiro, nem atenção, não tenho nem mesmo um médico, sou eu mesma que vou me controlando. O meu treino, a minha saúde, o meu destino e a minha vida.

Que moça extraordinária! Em nenhum momento se sentia deficiente, menor do que qualquer um de nós, em nossa sala de atendimento. Mas muito pelo contrário, ao seu olhar profundo não se podia nem mesmo se distinguir qualquer doente. Era um anjo. Depois de atendida, agradeceu e, tão simples como entrou, assim partiu.

Bem logo após, nós profissionais, cuidadores da saúde, assim chamados, entreolhamo-nos sem dizer uma só palavra.

Que honra prestar serviço a um herói; nesse caso, prestar serviço a uma verdadeira anja heroína. Como é que pode? Uma menina amputada pular sozinha na piscina, para treinar todo dia, faça chuva ou faça sol, desacompanhada e ainda por cima, com arritmias cardíacas, sem medo, predestinada, olhando pela janela e vendo, realmente, o céu lá fora. Olhando atentamente a Deus e agradecendo fielmente a vida que, apesar do seu físico, respira com nobreza, beleza e bondade.

Onde estão esses homens?

Que muitas vezes nunca competiram em esporte algum, que não conhecem a real beleza do esporte, muito menos a da vida.

Onde estão esses engravatados que desviam verbas públicas desses verdadeiros heróis?

Onde estão esses abutres da alma humana?

Onde é mesmo que mora a vergonha da Confederação Brasileira do Paradesporto nacional?

Aliás, o Brasil nunca respeitou e não respeita de verdade atleta algum. Somente se lhe convier.

Ticiane não tem medo de morrer. Porque passa a vida inteira a viver. Pode estar sol, chovendo, frio ou calor, o verdadeiro herói não desiste jamais. Ele vai obstinadamente, sempre, cumprir seu destino para olhar diretamente a Deus, tranquilo. Faça frio ou faça sol, Ticiane brilha na Terra, como joia rara, como símbolo de tudo aquilo que é mais humano, de exercer sempre os mais belos sentimentos, e eu gostaria, realmente, que esse texto que ora escrevo fosse um dia reescrito por um verdadeiro escritor, que pudesse escolher melhor essas palavras e que assim posicionadas, com tal arte e beleza, traduzissem Ticiane num verdadeiro hino de louvor sagrado à vida e ao amor humano.

A você Ticiane, com todo meu amor.

Capítulo VIII

Eu não paro de correr

Não quero perder um segundo na vida
Eu não paro de correr
Vou estar com você
Até o último picossegundo que viver
É verdade, eu não paro de correr
Vou amar você assim
Todo dia que amanhecer
É verdade, é verdade
Eu não paro de correr
Quero conhecer o paraíso
Onde vive enfeitiçado
Todo ser apaixonado.

A Grande Batalha

É procurar sempre a melhor criação. A vida não é um equilíbrio, absolutamente.

A vida é um desequilíbrio equilibrado.

Essa ação, esse movimento inato, é o motor primordial da luta humana. O homem, os animais e a vida nasceram para lutar.

Nasceram lutando. Viverão em luta, não no sentido de contenda, mas sim no de procurar a melhor criação.

A luta também embute o significado mais nobre da esperança,; que também nasce ligada ao amor e à fé.

A vida não reconhece a inatividade. Tem-se hoje a ideia de que lutar é sinônimo de trabalhar duro. Isso não é verdade. No início, para nascer uma proteína, foram precisos milhares, bilhões de fórmulas e tentativas de encaixe, para o melhor conseguir dentro do mundo da conspiração para a vida. Todos os nossos sentimentos, inclusive, se engrandecem durante a luta.

Assim são os seres humanos, jovens na Terra, cem mil anos talvez. É muito pouco. É tão pouco.

A Terra tem quatro bilhões e seiscentos milhões de anos. Durante muitos anos, talvez, quem sabe, desde o início, vivemos achando que lutar contra outros povos, fome, sede, era o único caminho de uma vida de tranquilidade. Ainda hoje, as guerras são travadas entre países, povos ou raças.

Mas será, meu amor, que está aí uma solução amigável e formidável? Vamos supor que o Iraque vença. O que realmente significa o Iraque vencer? O prolongamento da vida desse povo na Terra, em particular? No que o povo iraquiano é melhor que os outros? Simplesmente não é. O ser humano não é ainda realmente uma bela criatura do ponto de vista espiritual. Nenhum país ou povo é melhor ou pior. A extrema violência ainda resiste dentro de nós em quantidades variáveis.

A violência, por sua relação estreita com a luta essencial, simboliza a mais cristalina honra da nossa vida. Quantas cidades nasceram à custa de homens honrados. Homens que deram a vida em combate para o nascimento dessas mesmas cidades. Ao declarar o amor a uma mulher, por exemplo, quantos homens com os rostos talhados, o peito sangrando, braços e mãos quebrados, orgulharam-se de conquistar o lar, a família que construíram com a força pura de seus próprios corpos!!!

Hoje em dia parece que o mundo pertence aos covardes. Àqueles homens que se escondem. Que não aparecem. Maquiavelam. Com arte. Sem perder nem mesmo a ponta da unha de um mísero dedinho da sua própria mão. Em geral, usam a chamada política moderna. Atualmente, sempre dirigida a uma minoria.

A luta deve ser sagrada como a vida. A luta é uma forma como os seres ganharam a vida e tentam preservá-la. Somente através dela podemos lidar com os piores sentimentos, como a hipocrisia, o interesse, o egoísmo, a maldade, a tortura, a imbecilidade, a inveja, a avareza e a prepotência.

Que tipo de mal é esse? Que tipo de diabo é esse? Será que fomos nós mesmos que o inventamos? Ou será que veio de outro lugar? O que será que se passa no cérebro desse presidente? Por que será que passou nos cérebros de todos aqueles que possuíram e tantos outros que ainda possuem o que está presente no cérebro desse presidente? Ele está tão doente... Qual o poder que um homem pode ter? Quanto poder um homem pode ter? Mas para quê?

São 40.000 novas crianças para o Iraque. Se, ao menos, o comandante dessa chacina participasse dela pessoalmente, pelo menos poderíamos dizer que ele está travando uma guerra, por um motivo qualquer. Isso nós poderíamos aceitar. Mas é lógico que ele não vai. Ele vai ficar sentado num sofá confortável do seu palácio, protegido por soldados infames e cúmplices desse mal que persegue a espécie humana há tanto tempo.

O que nós podemos fazer? O que se pode fazer contra isso? O que será que devemos resgatar nesses filhos do diabo?

Não aceito nada por aceitar e não durmo para não dormir.

Mas acho que devemos começar a pensar que essa inteligência artificial que criamos nos computadores do planeta inteiro vai nos aniquilar. Neste momento, estão tirando lentamente o maior tesouro que pode ter um ser vivo. A liberdade. E depois de completamente espioná-los, falta tão pouco para isso acontecer, vão começar a matar todos os seres humanos por motivos infames como leis, religiões, dinheiro e poder.

Não pode ser, o nosso mundo não pode acabar assim.

O diabo não pode vencer.

Puxa vida, meu Deus, mostre o caminho para nós. Estamos impotentes, completamente, porque somos os únicos próprios responsáveis por isso.

Que Deus abençoe esses 40.000 jovens, que eles insuflem a revolta na Terra. Para que Deus sempre possa colocar suas mãos sobre ela.

Se por acaso, Patrícia, eu resolver tornar públicas essas cartas e versos um dia, um dos principais motivos será o de encorajar essa luta divina que preencheu o mundo de amor e tanta vida. Nesse momento de plena decadência humana em que vivemos o capitalismo desenfreado, jogando com as cartas hipócritas do corporativismo que conspira contra nossa própria vida.

É uma pena que a mídia, por exemplo, não consiga enxergar esse momento. A mídia não precisa parar de faturar. Mas a mídia não vai mais existir, se nós mesmos deixarmos de existir. O homem precisa voltar a respirar e parar já de ser tão vigiado. Não podemos queimar a liberdade nem a violência humana sagrada. É nosso dever preservá-las.

Há um capricho na luz do sol. Seus raios não são um simples irradiar de fótons ou de luz.

Há algo muito maior atrás da luz do sol. É a pura magia da vida que se opôs ao nada de um princípio qualquer.

Viver, existir, ser e aparecer são unidades do vocabulário dos movimentos incessantes do milagre sagrado da vida.

Absolutamente tudo que existe: montanhas, pássaros, homens, flores; são todos filhos das ondas do mar e dos raios de sol.

Na saúde do sol reside a saúde da vida.

Não temos tamanha interferência na natureza. Quem somos nós perto do sol?

É óbvio que o tsunami gigante do corporativismo joga mais um jogo diferente de dinheiro nesta luta infame de preservação da natureza.

Vamos pagar para inibir as recentes catástrofes anunciadas? Pode haver algo mais imbecil que isso?

Porém, devemos sim, porque somos responsáveis pelos nossos atos, respeitar a natureza e os outros animais, sem destruí-los inutilmente.

Porém, transformar pequenos detalhes climáticos de dias ou meses em efemérides que se processam há sabe lá quantos milhões de anos, não deveria enganar ninguém. Mas engana.

Aliás, está enganando melhor que o chinês, que anda vendendo células-tronco aos desamparados pelo mundo afora como fatias de queijo a preço de diamantes.

E as pessoas estão pagando por isso.

É a mídia e a ignorância das massas.

Vemos no mundo matéria e antimatéria. Para tudo que é, há um anti; será que não está na hora de, num pequeno lugar qualquer, nascer uma onda anticorporativa e antimarqueteira que lute contra os abusos infames cometidos contra o que restou do pobre espírito humano?

Como nas guerras de Troia, vamos vestir armaduras de dignidade, artilharia de pura sabedoria, espadas de respeito eterno a Deus e lutar com as forças dos raios de sol para realçar o espírito humano, fazer apologia do amor e refazer o ciclo da saúde e da vida humana.

Afinal de contas, para que mesmo serve a razão humana? Não procuremos atalhos na vida. Quer seja felicidade, a vitória do campeão ou a paz essencial, deixemos que a mágica que permite a nossa vida respire sem parar e nos preencha o espírito de honra, luta, dignidade, bondade, gerando o mundo utópico de Darwin, onde vivem homens extraordinários, sentindo todos eles uma enorme felicidade.

Da minha parte, meu amor, luto todos os dias para te fazer feliz. E aos meus filhos. E assim vou levando com que prazer a vida, tanto é que não é nem um pouco difícil repetir milhões de vezes para você, meu amor, Patrícia, que a vida é espetacular.

Giuliana

O mar é imenso. Tão belo. Não me canso de nadar. Vou até o fim. Sei que minha vida é longa, mas não é nada fácil. Hoje estou me sentindo um pouco mais feliz que outros dias. O sol parece estar mais para o dourado que para o amarelo. A água está numa temperatura que faz com que meu corpo se sinta muito mais leve. O mar está repleto de peixes, de todas as cores; prefiro os amarelos, mas não há disputa nesse momento.

Estamos nadando. Afinal, passados 125 anos, reparar num pequeno momento pode parecer até loucura. Mas não sei bem explicar. Até minhas amigas parecem mais felizes ainda. Talvez porque assistir, nesta manhã, a milhares de tartaruguinhas entrando no mar pela primeira vez na vida tenha me emocionado.

Nunca vi tanta tartaruguinha junta. Foi maravilhoso. Elas nem imaginam como o mundo é maravilhoso, mas também laborioso. Não é nada fácil passar tantos anos carregando tanto peso nas costas. Eu sei, ele é minha própria razão de vida, me protege e me ensina. A longevidade trouxe para mim uma paz profunda, uma calma primordial, apesar de, é lógico, eu seguir lutando.

Ah, essas tartaruguinhas valem a pena. Eu viveria mais 125 anos só para vê-las correr para a praia, centenas de vezes. Elas têm tanto a aprender.

Normalmente, posso saber exatamente tudo que vai acontecer durante o dia, se vai chover, se vai fazer calor, posso saber até onde se encontra o fim de um mar infinito.

Mas, mesmo assim, acho que hoje, em especial, me sinto realmente jovem. É como se eu não tivesse a minha idade. De repente, Giuliana emerge do mar e percebe que é dia claro de céu muito azul e que, ao fundo, uma lua quarto minguante muito branca veio lhe cumprimentar.

– Bom dia, Giuliana. Você está fazendo 126 anos. Parabéns, disse a lua.

Foi só aí então que eu entendi o motivo da minha alegria. Eu me esqueci, era o meu aniversário, e foi a lua que veio me contar. Voltei ao fundo do mar e segui a nadar, orgulhosa de mim, de pertencer a esse mundo espetacular.

Capítulo IX

Como as ondas do mar

O vulcão pode se assemelhar
Ao jeito de eu te amar
Mas por ser puro movimento
Nunca vai saber meu real sentimento

O trovão pode gritar
O céu emudecer
Mas eles não sabem amar
Meu amor ao entardecer

É viver ou morrer
Amar é assim
Tudo ou nada
Sorrir eternamente

Ah, se você soubesse
O que eu digo do nosso amor
Suas lágrimas escorreriam
Como escorrem as ondas do mar

O Amor

É uma coincidência, amor, nesse dia escrever para você o que eu vou escrever: no dia das bruxas estava à tarde a pensar e quando liguei ao anoitecer a televisão e ouvi certas palavras de um assim chamado político qualquer, manifesto o que vai: só pode ser um vírus, amor, só pode ser. Falar sem sentir. Repetir palavras soltas no vazio. Sem energia.

Verdadeiros ecos da escuridão primitiva.

Educação, saúde, moradia e trabalho transformaram-se no caos que dizem existir e precedeu o nascimento da vida. Um rosto de cera, uma alma sem brilho, uma vida que não existe, uma existência nula, uma crença no nada, ah, seu político defasado.

Vou viver a vida inteira e por onde quer que eu ande, meu discurso há de sempre te soterrar.

Para cada tolice tua vou enaltecer a paixão.

Para cada obra inaugurada, vou acordar seu sono de madrugada com um tambor indígena que vai trazer na música o som do fundo do meu coração.

Quem sabe assim, então, em alguns desses semisseres humanos poderei resgatar uma migalha atávica da chama que um dia iluminou a todos nós, o espírito que precedeu a matéria e que achou que nela poderia brilhar.

Pois um dia, se Deus quiser, todo espírito terá razão de ter escolhido os humanos para neste cosmos brilhar, competir com as estrelas, fazer da mágica, do mistério, da emoção, do amor e da bondade as armas que hão de reinar num mundo que eu gostaria de sonhar e que um dia há de existir.

Será infinito, sem culpa, humildemente existir e viver, contemplar o Senhor e imaginar que bem maior pode haver do que ser e perceber o milagre que significa tudo isso, expressando a máxima do amor, *toujours*, eternamente assim, como eu amo você, meu amor, *toujours*, eternamente.

Do infinito ao mais humilde reside sua glória. É preciso que milhares de seres humanos gritem por uma apologia do amor. Como dizia Epicuro: – O caminho de fazer o bem é tão fácil de enxergar. Poderíamos completar que fazer a apologia do amor é tão fácil de exercitar. Sendo assim, a felicidade humana está ligada ao amor.

Um dia, não me lembro bem onde, amor, eu escutei alguém dizer assim:

– Já que conheço gente rica infeliz,

– Já que conheço gente bela infeliz,

– Já que conheço tanta gente famosa infeliz,

– Posso tranquilamente concluir que nem a riqueza nem a beleza ou a fama são capazes de traduzir a verdadeira felicidade humana, mas é no trabalho íntimo, no exercício do talento natural, que a riqueza, a beleza e a fama conspiram para a felicidade, enaltecendo cada uma dessas vocações humanas!!!

A pureza mais cristalina do amor é que ele não pode ser obtido com dinheiro. Tal sentimento não é privilégio dos humanos. O amor é uma mágica divina que está presente nos reinos vivos. Nos reinos vegetal e animal, sendo considerado a máxima expressão da vida.

Você sabe muito bem, Patrícia, que há muitos anos, depois de qualquer aula, sempre finalizo com alguma história ou estória que faça a apologia do amor. A sua ausência é uma verdadeira maldição. A falta de amor leva, invariavelmente, à destruição.

A falta de amor pela natureza leva à sua destruição, por exemplo. A falta de amor entre os homens leva às guerras, às mortes, à prisão, às torturas e a todos os sentimentos sinistros que ainda habitam tantos corações humanos. Mas, Patrícia, desses horrores que a gente vive, a mim o que mais incomoda são os presídios. Eu preferiria que nossas leis nos mandassem matá-los.

Não existe nenhum gesto, nenhum lugar que se possa com os presídios comparar. Se um dia Deus olhasse para mim num picossegundo qualquer e eu tivesse um momento tão breve e fugaz para emitir uma pergunta e receber uma resposta, eu sempre escolheria a mesma coisa: – que caminho eu devo tomar? – que luz o Senhor pode me dar para transformar essa tortura que esmigalha vestígios de qualquer espírito humano, malditos presídios!

Sabe, amor, a gente não pode esquecer que, por outro lado, é através dos humanos que sentimos o melhor sentimento que existe entre nós. Essa decisão é nossa. Se pudéssemos deslocar as ações atávicas que possuímos de violência ao esporte. Se pudéssemos privilegiar a bondade durante grande parte dos nossos dias.

Nós, humanos, precisamos reconhecer caminhos para segui-los

e orientar-nos. Desde a mais remota história sabe-se que precisamos de líderes. Aqueles que nos ajudam no nosso caminho. Seria legal que neste momento, em cada pequeno canto da Terra, houvesse um pouco da nossa felicidade no coração daqueles que vivem conosco.

Nunca vou querer a paz. Patrícia, você entende que a vida jamais irá reconhecer a tranquilidade suprema. É preciso, meu amor, haver uma troca permanente, incendiante com tanta energia. Esse processo misterioso, incrível, indecifrável, enfim, apofantisíaco. Pois é ele que nos permite a vida e dentro dela sentir amor.

Num mundo contemporâneo doente, o amor sempre será o melhor remédio. Não se processa o amor dentro de uma indústria qualquer. Isso vale também para a indústria farmacêutica. Ele se traça por caminhos variados com a excelência de alavancar toda a vida. Conspira solenemente com Deus, que, ao invés do nada, ofereceu-nos tudo isso.

O amor, Patrícia, é o principal motivo pelo qual penso em tornar públicas estas cartas, fazer um livro. Um livro de cartas e versos de amor a você. Isso não significa em absoluto que perderemos, por um instante, nossas vidas íntimas. Mas talvez nosso amor ajude muita gente. Inspire a fé absoluta em Deus e, sobretudo, incite no homem a esperança de num futuro próximo, maravilhoso, onde se assossegue o espírito tão atormentado e humano, inibindo a pressa, estimulando a arte, fazendo o ser humano acreditar e ter sempre a esperança de melhorar, mesmo que necessite de mais de uma vida para isso.

A questão é: será, meu Deus, que existe maneira mais bela de enxergar o mundo que não seja ao lado do meu amor? Quero ficar com você agora, logo após, daqui a pouco, depois, de noite, dormir e te sufocar, e com talento desfrutar de tudo isso que você é capaz de me oferecer.

Ah, quando é você que arruma a nossa cama!

Ah, quando é você que faz o nosso almoço! A comida desce redondo. O cheiro, é claro, é muito importante no amor. Alguma coisa me diz que o cheiro é a própria essência do gás que cria e dispersa o amor. Nosso cérebro tem no aparelho olfativo sua mais antiga propriedade. Ora, como a origem de todas as coisas é e sempre será mais importante que os seus produtos, porque os produtos podem ser repostos. Mas as origens, amor, acho que não.

Me imagino agora, daqui a 20 anos. Se viver assim tanto tempo, tenho certeza que uma hora vou refletir: o que foi mais legal ter feito na vida? Foi amar você e pronto.

Não se recebe um manual de "viver ao nascer", amor. Já no início, na mais pura dor, começamos chorando, assediando nossas mães. Logo após, o que cada um de nós vai escolher não está escrito em nenhum manual. A maioria de nós quer acreditar na vida, fazer e oferecer o melhor de nós mesmos.

Isso realmente me encanta, faz criar em meus sonhos um mundo darwiniano muito mais maravilhoso, com certeza para os meus netos.

Vamos apostar na gente. Como abelhas fabricando o mel, a gente devia sempre amar ao lado dos nossos semelhantes durante essa festa tão bela e divina jornada.

Será, Patrícia, que sonhar com o mundo com pouquíssima polícia, livre, espontâneo, é muita utopia?

Será mesmo que nós não podemos manipular a razão para melhorar de verdade a nossa qualidade de vida?

Meu amor, me desculpe a pretensão, mas vou criar um axioma, caso ele não tenha sido criado ainda: "todo humano deve ter seu par amado". Talvez porque, na reprodução sexuada, o amor tenha pretendido dar mais emoção ainda à vida.

Acredito, como cientista verdadeiro, que a reprodução sexuada nada mais é que a evolução da vida e do amor. Nos confere humildade com evidência de fatos e nos projeta um caminho esnobe e belo, administrando a razão, contendo a violência, enaltecendo o amor.

Assim podemos melhor comemorar a vida!

Existe uma diferença entre beber e fazer do vinho uma verdadeira libação. Quem somente bebe talvez um dia perca a honra e toda a sua razão. Mas quem bebe para libar está próximo, muito próximo do que é realmente amar.

Pois desde o começo da história de todos aqueles que aqui vieram, os poucos que realmente foram e souberam o que é existir sempre aproveitaram o prazer de beber e de libar para enaltecer o seu verdadeiro existir.

Não é porque perderam momentaneamente a consciência, a razão ou o pensamento. Muito pelo contrário, às vezes só assim um homem pode realmente ver o que significa o nosso nascer.

E assim foi e assim será. Que todas as festas do homem da Terra sejam comemoradas com a libação. E é com ela que a gente exprime de maneira única a nossa paixão.

Daqui de Atibaia, Patrícia, nessa chuva, nesta hora, nesse céu tão nublado, mas claro, plantas tão verdes supermolhadas, declaro novamente a você, pela bilionésima vez: Eu te amo.

Obrigado por ter passado a vida ao meu lado.

Robespierre

Eu me lembro muitíssimo bem daquele dia. Estava a uma velocidade fantástica. Meus colegas me viram passar como um cometa no céu. Estava realmente num dia extraordinário. Porque me sentia livre, mais livre do que nunca.

A Terra, o mar e o céu me pertenciam.

Com as nuvens eu me exibia. O ar que respirava enchia todo o meu corpo de uma energia nobre que existe na vida.

Quando o crepúsculo apareceu, as estrelas que começaram a atapetar o céu conversavam tranquilamente entre si. Mas, eu não sei por que, me pareceu que algumas delas estavam preocupadas. Era estranho, nesse entretempo de um dia efêmero, observar que para elas as coisas não andavam bem. Pareciam realmente preocupadas, tensas, por que será? Respirei fundo e fui conversar com elas.

Mesmo a uma distância quase incalculável, procurei me concentrar em uma delas. E consegui. Ela me disse seu nome.

– Me chamo Rebeca!

– E eu me chamo Robespierre.

E ela disse:

– Nossa que nome lindo!

– Mas diga-me, Rebeca, o que é que você tem?

– Não é nada, é que tivemos um mau pressentimento, de que íamos desaparecer. Mas agora que você chegou, estou bem mais calma.

– Desaparecer de onde?

E ela respondeu:

– Desaparecer daqui.

Hummm!, pensou Robespierre, tive uma ideia fantástica!

– Você confia em mim?

E Rebeca disse:

– Nós, as estrelas, confiamos em tudo que é belo.

– Então deixe-me lhe fazer um pedido especial.

– Peça o que quiser, se estiver ao meu alcance...

– Pois bem, preste atenção; hoje eu também tive um pressentimento. Tive um grande dia. Sabia que algo grandioso estava para acontecer. Senti que ia encontrar alguém especial. Será que você poderia me emprestar sua beleza e magia para eu me apaixonar?

– Mas é claro, disse Rebeca.

E nesse instante a luz de Rebeca brilhou mais forte que todas as estrelas ao redor naquele pequeno espaço de céu.

– Você não vai se arrepender.

E saiu voando, apesar de estar no meio das águas do mar.

No meio do caminho, não é que algo aconteceu? Recebeu mensagens que não muito longe dali alguns de seus amigos estavam aterrorizados. Sobretudo Rolfe, que parecia estar morrendo. Imediatamente, Robespierre foi ao seu encontro. Quando lá chegou ficou pasmo!

Eles estavam presos num cativeiro, cercado por homens. Muitos desses homens eram aqueles mesmos que se diziam seus amigos quando juntos iam procurar atum. A generosidade que sempre pareceu advir dos seus amigos homens desapareceu. Eles sempre tinham sido tão generosos, deixando uma quantidade de peixe suficiente para a mais farta das refeições.

Mas e agora, traidores infames.

Malditos homens!

Por que colocar meus amigos nos cativeiros?

Para divertir as crianças?

Mas nós podemos diverti-las no mar.

Eu juro, posso ficar saltando na água sem parar, enquanto vida tiver. Soltem meus amigos, pelo amor de Deus.

Nesse momento, pude ouvir ao longe; tinha muito medo de me aproximar, pela primeira vez na minha vida, dos homens e ouvi que Rolfe ia morrer. E ele realmente não aguentou.

Não pode haver vida sem liberdade para nós.

Nunca haverá.

Que destino! Depois de tão belo dia. Já era tão tarde, noite profunda, arrasado fui repousar, mas antes, pensei em me despedir de Rebeca. E não é que ela estava lá, exuberante, manteve o brilho sem parar.

– Boa noite, me disse ela. Nos veremos amanhã.

E o dia amanheceu. Acordei totalmente diferente. Chateado, sem vontade de fazer nada. Muito menos de nadar rápido. O tempo demorou tanto a passar. Na hora do almoço fui procurar, não atum, Deus me livre, bah. Qualquer coisa menos atum. Não quero ver nenhum homem por perto, pelo maior tempo. Quem sabe uns camarões deliciosos ou umas belas lulas durinhas?

Pois foi durante esses pensamentos que avistei um grupo de

camarões suculentos. E no momento em que ia abocanhá-los, ela apareceu, meu Deus. Toda branca. Mas o que é que é isso? É uma deusa! Só pode ser. Que majestade! Que chacoalhar! Como nada! Ela literalmente voa no mar.

Não perdi um minuto sequer, aproximei-me carinhosamente, lembrei-me que estava na época do Dia das Mães. Perguntei-lhe:

— Quantos filhos você já teve?

E ela respondeu – nenhum.

— Como você se chama?

— Não sei, disse ela, sou ainda muito jovem. Tenho uma dezena e muitos poucos anos.

— Pois eu sei que nome vou te dar, que tal Rebeca?

— Lindo, onde encontrou tão belo nome?

— É o nome de uma estrela que conheci ontem.

— Puxa, você fala com as estrelas? Você deve ser muito importante. Diga-me como você consegue fazer isso?

— Bem, eu não sei ao certo, acho que é um sentimento dentro do meu peito, que me aproxima de todas elas.

E sem perder tempo, Robespierre deu um salto imenso do fundo do mar com uma fantástica cambalhota no ar e olhou ternamente ao cair na superfície para Rebeca. Que não resistiu aos seus encantos.

Robespierre e Rebeca estavam perdidamente apaixonados.

Foram dias inesquecíveis. Robespierre a fazer acrobacias, piruetas, cambalhotas e rir sem parar. Pelo amor que sentiram, parece que deram a volta ao mundo pelo fundo do mar.

Após poucos dias, Robespierre voltou a se sentir mal. Lembrara-se de Rolfe. E novamente, desta vez com Rebeca, decidiu ir ao encontro de sua estrela.

– Olá Rebeca, essa é minha nova namorada, você não fica brava se eu a chamar de Rebeca também?

– Claro que não, Robespierre. Afinal, eu brilhei o melhor que pude todos esses dias para que isso pudesse acontecer. Enviei a luz sagrada e dela se fez nascer o seu novo amor.

– Pois eu preciso de um novo favor; prometo que enquanto houver um Robespierre e uma Rebeca na Terra, o nosso amor nunca vai deixar as estrelas desaparecerem.

– Ai que lindo, respondeu Rebeca. Mas o que é que você quer em troca?

– Pois eu quero a liberdade dos meus irmãos que estão presos no cativeiro.

– Deixa comigo.

E nesse mesmo instante o mar começou a se agitar intensamente. Rebeca, a estrela, chamou todas as forças da Terra e do céu e uma grande tempestade apareceu. O céu ficou todo encoberto e uma onda, um maremoto imenso então se formou. E foi essa mesma onda imensa que percorreu e varreu a superfície dos mares, com sua fúria fenomenal libertou todos os irmãos e amigos de Robespierre da Terra.

E juntos, como dois meteoros do mar, repletos de amor, tão brilhantes ao sol, tão fiéis às estrelas, eles cumpriram tudo a que se comprometeram, pelo resto de suas vidas, espalhando o amor no céu e na Terra. Por Robespierre e Rebeca.

Capítulo X

Os Cachorros Falarão

Os homens continuavam a se distanciar
Não podiam mais uns com os outros falar
Tão recente a vida nossa era
E tão distante entre nós ficou a terra

Eis que dessa impossibilidade
Nasceu uma nova verdade
O nosso amigo fiel retirou o véu
Dos latidos dos mais nobres sentidos
Nasceram novos ouvidos

E a palavra abençoada desses animais
Talvez tenha a missão circular
De fazer os homens voltarem
A realmente amar
Minha mulher tinha razão
Os cachorros falarão

E na terra suas palavras
Ah, as nossas almas voltarão a perceber
Que a vida nada mais é
Que um poço de pura real paixão
E os cachorros falarão.

O Homem do Futuro

O futuro é uma ilusão. Uma das belas propriedades da razão humana é perder, às vezes, a razão. Ou talvez imaginar coisas que não só não existem no seu contexto, no mundo fora da consciência, como nem mesmo dentro de um miniponto apofantisíaco.

O futuro não precisa de nós para existir. É porque os homens costumam dizer "o que será de nós no futuro?". O passado da vida é pura magia.

Não podemos e não devemos transformar o mundo numa simples economia. Nosso destino, é óbvio, não é comprar e vender. Não podemos, absolutamente nenhum de nós, passar despercebidos. Distribuam-se os apitos, se necessário. A imagem de futuro está enraizada com a da imaginação. Afinal de contas, se o futuro não está presente, só pode estar em nossa imaginação.

A imaginação é a propriedade da consciência humana, alma gêmea dos nossos mais belos sentimentos. Quando os humanos praticam a maldade é porque lhes falta a imaginação.

Foram sempre gestos abruptos e jamais oriundos da nobreza do nosso coração. A consciência humana tem um enorme dever atávico. Imaginar o nosso caminho. O nosso maior, ou melhor, o nosso mais humano cientista previu, por exemplo, no futuro um homem espetacular.

Darwin, Patrícia, não foi um verdadeiro cientista, creio eu, meu amor. Mas tinha uma certeza na alma: amava os homens e os animais. Você sabe que, muitos anos atrás, resolvi do nada começar a contar estórias. Foram mitos. Da Grécia.

Um dia, um velho professor me chamou ao lado e me disse: – Você é um farsante. Você troca os nomes dos deuses, você troca os nomes dos fatos, você deduz os acontecimentos. E assim por diante...

Por um momento hesitei. Mas logo após talvez do Apofantisíaco que existe em mim, pude lhe dizer assim:

– Sabe, estimado professor, você tem toda a razão, é verdade, são tantos nomes, tão estranhos, que eu repeti tão poucas vezes, que pode ser que em muitas delas tenha trocado alguns deles. Mas quero lhe dizer, porém, que jamais o relato pode ser considerado falso quando quem o conta usa todas as palavras saídas do fundo do seu próprio coração.

A verdade, na verdade, professor, é um sentimento. Não importam os nomes. Nem mesmo as palavras. O exercício de trabalhar os sentimentos deve ser contínuo, diário.

Da mesma forma que o movimento, preveem-se atualmente catástrofes, Nostradamus 2012 – fim da vida.

Mas, meu amor, quem não vive, ama ou enaltece seus

sentimentos já está morto, há muito tempo. Somente aconteceu que ainda não foi enterrado.

Não importa quanto tempo temos.

Importa vivê-lo com amor e capricho. Olhar as cidades, os jardins, saborear pratos e matos, beijar sua mulher, entregar-se aos seus filhos, ser bondoso, doar algo de si para os outros e agradecer sempre essa chance única de também ter sido escolhido a participar da vida. Apreciar, com paixão, essa grande emoção, desfrutando dos momentos, como se todos eles fossem divinos.

Se fizer sol ou chuva, durante o dia, pouco importa. Pois tanto a chuva como o sol são extremamente belos. O calor estimula certos sentimentos. O frio, outros. Vamos então aproveitá-los.

O mundo conspira para a vida.

O mundo é maravilhoso, somos nós que precisamos melhorar.

É bom sempre lembrar que os animais não têm dinheiro. Imaginem um cachorro com dez dólares na pata. Muitos constroem, com seu trabalho, seu próprio lar, não alugam, não vendem, vivem em êxtase no processo da vida.

Seria de profunda inspiração durante a educação infantil que nossos educadores ensinassem as crianças a caprichar nos seus afazeres. Assim como a natureza gera seus filhos num processo perfeito, com calma e arte, como se todos eles fossem verdadeiras obras de arte. É mais ou menos assim que deveriam os jovens tentar viver.

Vamos acreditar que as ações desumanas que alguns praticam sejam indícios de um futuro homem maravilhoso. Que a violência e outros gestos hediondos, agora ainda praticados, desapareçam para sempre do espírito humano.

Muitos de nós acreditam estar no topo da escala dos animais. A gente acha, e só a gente acha, que nós somos os melhores exemplos da vida. Mas isso, por ora, não é verdade.

Falta muito mesmo para um homem chegar aos pés de um beija-flor. Quer como máquina, quer como alma desse pássaro sublime.

Sabe, Patrícia, um beija-flor pode ficar parado no céu batendo asas, milhares e milhares de vezes por segundo. E se num momento qualquer ele avistar uma fêmea, ele há de se jogar do céu quase até a terra na velocidade do som só para fazer graça para ela.

Patrícia, sabe o que é mais impressionante, é que não existem músculos nas asas do beija-flor, porque na verdade, Patrícia, esses pássaros não voam batendo as asas, eles voam tão rápido porque os seus músculos contraem o seu peito e acima de tudo o seu coração. Como pode então, amor, um homem achar que é melhor que um beija-flor?

Perceber o dia é aproveitar melhor a vida. E abrir, com conhecimento e com os outros sentidos, grandes caminhos, novos movimentos de que é feita a própria carroça da vida. A pressa e o trabalho ordinário são os empecilhos maiores para tal estilo de vida. Novas maneiras civilizatórias deveriam ser tentadas. Não permitir grandes aglomerações humanas em demasia numa mesma cidade, por exemplo.

Em demasia não significa ter um número e sim bom senso. Quando as pessoas se sentem apertadas demais, sem espaço, sem liberdade, ou pior que isso, com pouco tempo para a vida íntima, é porque já, mais que nunca, passou da hora de essa cidade parar de inchar de gente. Assim como deveria ser tentada uma nova lei do planeta. Quantos bilhões de pessoas, afinal de contas, podem viver na Terra?

Se o nosso conhecimento foi um ato divino, este direciona-se para a qualidade de vida do planeta e dos outros animais também, senão não valeria a pena. O controle da natalidade é uma decisão óbvia a ser tomada já. Sem demora alguma. A aglutinação elimina os homens de duas formas: pela retirada da seiva, vontade e alegria de viver, e através da geração das guerras.

A morte pode ser mais amena para todos nós, em todos os sentidos. Não é preciso morrer em guerra ou na cegueira para a vida que temos e que é bela. Se de alguma maneira temos que desaparecer, que seja da melhor maneira. Desejando, criando espaços, em movimentos maravilhosos, assim como nos foi dada a própria vida. É no girar desse ciclo que esses mesmos espaços e movimentos retornam e embelezam todo esse processo.

É preciso também cuidar da agricultura. A terra não há de parir, para sempre. Vamos tratá-la literalmente com amor. Mais amor, menos fertilizante ou qualquer sintético de adubo. Que os frutos da Terra reajam conosco, seres humanos, de maneira a nos devolver o amor com que tratamos dela.

Embelezar o ciclo. Compreender a vida. Fazer parte dela. Viver. Construir um homem melhor num planeta bem cuidado, com certeza sim os deuses do céu e da terra terão muito mais orgulho e menos trabalho para deixar as coisas em ordem.

A imprensa, a televisão e todo o espaço multimídia do mundo contemporâneo não se cansam de registrar catástrofes e tantos crimes praticados pelo homem. Por que será que não dedicam esse mesmo tempo para realçar o que há de bom? Como os jovens podem se espelhar em atitudes belas se não tem quase mais nenhum lugar no mundo onde possam imitá-las?

Há de nascer um sentimento de resgate do mais nobre da nossa geração; as corporações devem aprender a começar a existir com menos poder e dinheiro. A economia deve voltar a ser finita, assim como é a Terra.

Sabe, Patrícia, um dia eu tive um sonho com crianças. Talvez um deles fosse meu futuro neto. Eles corriam, brincavam, sorriam, com tamanha graça e exaltação, que por um instante vivi esse momento maravilhoso e eu podia jurar que eu já estivesse num mundo transformado, que a grande maioria dos homens já soubesse que a vida nada mais é do que ser espetacular.

Alfred

Apesar do seu enorme tamanho, protegido por grossos pelos longos cor grafite, seus gestos eram extremamente belos ao comer verduras e frutos coloridos. Sentia prazer em caminhar, mas podia ir mais rápido, através dos galhos das árvores, com sua incrível força. Maior prazer então sentia. Os dias eram vividos com enorme prazer. Em sua família havia uma atração tal qual os átomos atingem quando formam as estrelas.

Certo dia, Alfred não tinha visto Gina durante todo o dia. Ao ver seus filhos um pouco agitados, decidiu procurá-la. As nuvens estavam correndo no céu. As folhas davam passagem à fúria de um vento frio. Muito frio. E depois de muito procurá-la, sem êxito, Alfred resolveu descansar. Afinal, passou horas subindo e descendo montanhas atrás da Gina.

Apoiou as costas num belo e grosso tronco de uma árvore imensa e com aquele vento frio, até mesmo para o seu corpo peludo, olhando a incrível velocidade das nuvens, acabou por fim sob esse céu adormecendo.

Pois foi ao acordar que tudo mudou e sua vida se transformou. Seus pelos desapareceram. Lembrou-se do frio. Estava absolutamente sufocado, pois uma fina corda tentava lhe enforcar. Era bruxaria, com certeza, pois não conseguiu se libertar dela. Sentia-se horrível. Estava magro, fraco, abatido e sua barriga, meu Deus, estava imensa, que nojo! Que nojo!

De repente reparou em torno de seus pulsos e, sem saber por que, mais apavorado ainda ficou. Havia duas espécies de braceletes luminosos, que não paravam de vibrar. Aquilo começou a deixá-lo realmente maluco.

– Mas, afinal, quem sou eu? Onde estou? Onde está você, Gina, meu amor? E onde estão meus filhos? Que barriga horrorosa é essa?

Nessa hora, os braceletes começaram a emitir choques violentos e, automaticamente, Alfred começou a caminhar dentro de uma estrutura imensa que, francamente, não tinha a menor ideia do que se tratava. Era uma verdadeira geringonça. Havia outros iguais a ele. Mas estranho, não pareciam estar sofrendo tanto. Andavam como se fossem bonecos. Não falavam. Não emitiam sons. Usavam apenas as mãos. E pequenos outros tipos de geringonças para se comunicar. Havia grandes paredes nuas com enormes símbolos, muitas imagens, a maioria delas não poderia explicar, e os seus colegas pareciam se divertir com as mãos apoiando em lugares puntiformes na parede, como se estivessem controlando as coisas que estavam por lá passando.

Alfred estava completamente desorientado. Quando, de repente, um raio atingiu seu coração e Alfred desabou no chão, que era de lata. Não tinha terra. Seus olhos esbugalharam-se. Ele se viu na parede! Meu Deus, que saudade. Mas, imediatamente percebeu que estava preso! Preso numa pequena jaula!

– Sou eu. Estou preso nisso aí. Mas como posso estar ali na parede e preso aqui enforcado ao mesmo tempo? Nossa, esse é o pior pesadelo que já tive na minha vida.

Na jaula, estava tão triste a ponto de desmaiar.

– Crianças como as daqui agora riam de mim. Achavam, talvez, que eu fosse um bicho! Um bicho qualquer. Os homens iguais aos daqui agora, inclusive eu, tinham um pouco de nojo de mim. O mesmo nojo que eu estou sentindo agora, ao me ver com esta barriga, neste lugar de ferro, sem árvores. Onde estão os jardins e as minhas amadas flores? Eu quero saber já. Onde estão as minhas flores?

E resolveu ir procurá-las. Saiu de perto dos seus companheiros, que, incrivelmente, não saíam de perto dos seus aparelhos. E foi procurar as flores. Entrou por um túnel escuro, extremamente longo, tinha que se agachar para poder passar e caminhar dentro dele. E depois de muito tempo, encontrou enfim um outro lugar, enorme, também inteiro de ferro. Parecia o outro. Mas este era bem maior. Além de paredes, aparelhos, havia certas cortinas envoltas por uma espécie de tecido de seda transparente e dentro desses grossos tubos, coisas indescritíveis aconteceram.

Por um momento, teve a impressão de ver dois míseros casais experimentando um relacionamento sexual sem qualquer paixão, a não ser aquela de se exibir em meio àquela estranha câmera transparente.

– Que coisa nojenta! Esse lugar que encontrei é ainda pior que o outro. Apesar de que no outro não era nada melhor, estava enjaulado.

Alfred não desistiu. Precisava achar uma saída. E foi parar num lugar mais distante ainda.

Depois de ter ficado se arrastando entre canos imensos, infinitos, para lá chegar, meu Deus! Milhares de animais sem pele, bois, porcos, galinhas, e tantos peixes. Ele podia sentir a dor de todos aqueles animais que, apesar de mortos, estavam vivos no coração dele. Suas mortes foram inaceitáveis. E então, mais uma vez, fugiu. Nessa nova fuga, um colega se aproxima e lhe mostra um cartão. E dá a entender que quer realizar uma troca. Era evidente, queria trocar uma de suas pulseiras e, com a sobra oferecida, ganharia essa espécie de cartão azul, que, podia bem ver, continha pequenos relevos dispostos em pequenos traços.

– Sem outra alternativa, acabei aceitando a oferta. Não poderia imaginar o que ia me acontecer. Quando voltei a fugir, sempre em busca das minhas flores, fui impedido por guardas com vestimentas hediondas, estranhas, e ainda sequestraram meu cartão novo. E depois de muito observá-lo, começaram a me agredir. Tentei, em vão, me defender. Consegui, acho, matar um deles. Foi a primeira vez que isso aconteceu na minha vida. Nunca tinha matado antes. Nunca matei animais que tivessem uma alma parecida com a minha. Apesar de amar comer certos insetos. Mas agora foi diferente, tive que matar para me defender. No fim, fui preso, não numa janela como a que tinha visto. Desta vez fiquei num quarto de paredes metálicas, com muito frio, não havia nem uma pequena vida lá dentro sequer. E levava todos os dias muitos choques elétricos.

– Eu estava morrendo todos os momentos, e no momento final, que achei que realmente ia morrer no próximo choque, respirei tão fundo como nunca em minha vida. E ufa! Olhei de novo para o céu e vi as nuvens incrivelmente, que ainda estavam por lá correndo, o frio estava maravilhooooooso. As folhas vivas dançavam, furiosamente, no vento mais furioso ainda.

– Quando, graças a Deus, por trás de mim, um calor imenso, uns braços peludos, lindos, cheios de amor, envolveram meu pescoço e as minhas costas e disseram assim:

– Seu malandro, onde é que você se escondeu? Meu amor. Vamos para casa. Gina vai preparar um caldeirão bem quente para você. Meu amor, você parece tão tenso, diz para mim, o que foi que aconteceu, meu grande amor? Será que foi aquele danado do coelho que ficou te amolando, sem parar de querer brincar?

E Alfred, lacrimejando, respondeu:

– Não, Gina, não foi o coelho, foi a sua falta, a sua ausência.

– Como assim, meu amor?

– Foi não ter você ao meu lado que me fez ter um pesadelo horrível. Sonhei com o futuro, eu acho, ou será que era o passado? Realmente não sei. Só sei que no passado ou no futuro deveremos estar sempre juntos, pois com um amor assim, em nenhum lugar que houver, haverá presente ou passado qualquer ou pesadelo algum que possa fazer mal a algum de nós. Vamos, Gina, vamos, Gina, vamos caminhar por aí. Eu te amo.

Capítulo XI

Champanhe

Quando se está feliz
E se vive um amor
Quando a vida é bela
E se repara numa só flor

Um champanhe pode aparecer
Que chique de natural
Espairecer e viver
Um amor no espaço sideral

Classe não é do vinho
É o sentimento que ele proporciona
Sentimento profundo
Momento de prazer

É da natureza humana
Expressão bela de amor
Num mar inteiro pensar
Um brinde a você meu amor!

Vida Íntima

Assim que me senti envelhecido, uma paz incrível percebi, a de graças a Deus já ter bastante vivido. Afinal de contas, nós temos uma vida íntima que nos pertence e que é só nossa.

Viver num contexto é uma coisa.

Vida íntima é outra.

A vida íntima está mais para o espírito do que para a razão. Ela não cursa, premeditadamente, por mais que se planeje. É verdade, nem sempre as coisas na vida acontecem exatamente como sonhamos. Não se pode a vida matematizar. A razão pode continuar a ser, de certa forma, soberana e evoluída, sem fim.

Mas a vida jamais se resumirá numa simples razão humana. Tantas palavras de amor foram escritas para você, nem por isso nesta vida desrespeitei por um segundo sequer sua intimidade absoluta.

Após tantos anos de casado, você como testemunha, sabe que jamais poderia eu abrir uma gaveta, um armário, uma bolsa sequer ou muito menos qualquer carteira sua.

Mas é muito mais que isso, meu amor. Eu jamais me coloquei ao seu lado numa hora indevida. Há de estar sozinha, muito sozinha nesses momentos. Acho isso extremamente especial. A mulher amada deve possuir seus mistérios, como joias e tesouros escondidos num baú prateado. Só assim posso dizer, meu amor, quão alegres são minhas manhãs e todas as noites da minha vida, pois eu tenho uma mulher que desperta como uma princesa, vive como uma rainha e dorme como um anjo.

Aquilo que mais me aborrece na televisão, que está no mundo inteiro, é exatamente o programa Big Brother, o assassino da vida íntima, do amor verdadeiro, da dignidade humana, enfim, do próprio indivíduo. Aqueles pobres infelizes que o assistem e ainda se divertem deveriam olhar mais para dentro de si mesmos, procurar seus caminhos íntimos e seu destino real de felicidade, ao invés de se transformar em ninguém a bisbilhotar a vida alheia.

Sexo não é trabalho. Quantas belas meninas perdidas numa cidade repleta não de pecados, mas de milhares de pequenos pedaços de vida morta e despedaçada.

Será que realmente os deuses não valem nada?

Será que há dois mil anos todos aqueles rituais de cura e proteção realmente não valem nada?

Será que essas catástrofes brasileiras como a de ontem, no Rio, não acontecem porque muitos de nós perdemos o brilho e nos transformamos em mortos vivos?

E quem sabe ainda o céu e a terra queiram limpar, um pouco, toda essa sujeira oriunda da raça humana?

De certa forma, o trabalho que não vem do talento natural de cada um de nós realmente tende a sujar a Terra.

Só há felicidade quando criamos algo que tem vida íntima com o nosso interior.

Com certeza essas meninas, como qualquer um de nós, tem sua luz.

E que não é o sexo, porque o sexo, isoladamente, é um acontecimento que está completamente fora desse contexto.

A verdade é que dentro de todas as cidades na história das civilizações sempre houve pobres meninas. Elas, assim como outros sentimentos infelizes humanos, como a morte por empalação, o sistema presidiário, são fontes de reflexão nesse nosso caminho de querer melhorar.

Processos íntimos são fundamentais para a existência de um amor eterno.

Ações como ciúme imbecil, possessões caretas são o caminho do fim da paixão. Puxa vida, se nem a razão humana consegue abalar o mistério das estrelas e do céu, por que será que o ser humano insiste em aniquilar os sentimentos íntimos dos que vivem uma vida ao seu lado? É no desconhecido que mora a semente do sonho, a maçã do amor, todo projeto desejado. É de uma delicadeza divina escolher com sentimentos os momentos de união e cumplicidade dentro de uma vida inteira de paixão.

Certos tempos, a ausência é igualmente importante, temperando o amor como se tempera uma refeição. É preciso sentir falta de um amor, não para reconhecê-lo, mas para valorizá-lo cada vez mais.

Por isso, meu amor, dediquei-lhe a poesia do desespero. Da minha parte, se passa tudo igual. Minha gaveta, minha carteira, minha vida íntima são essenciais para o meu documento de identidade. É um incômodo profundo ser incomodado. Há uma nítida sensação de perda da liberdade com a perda da vida íntima. Trata-se de um sentimento constrangedor. Ao passo que, ao contrário, o respeito sempre será altamente libertador e eleva nosso espírito ao céu.

Olhar muito mais dentro de nós mesmos, controlar um pouco mais nossas vidas e depois quem sabe enaltecer nossas virtudes num encaixe perfeito que desse amor há de nascer novos frutos e tantas flores tão maravilhosas, assim como nós fizemos os nossos filhos, meu amor, Patrícia.

Os homens não deveriam perscrutar, esmiuçadamente, a vida de seus filhos ou de suas mulheres. Vida íntima é coisa sagrada. De cada ponto que existe no mundo, há uma originalidade única, transcendental. Ultrapassar esse limite é conspirar contra a própria luz. Esse respeito à vida íntima é fundamental para expressão de qualquer coisa em si mesma.

Isso não significa, em absoluto, que se enalteça nos humanos a avareza, o egocentrismo, a indiferença e a maldade. Muito pelo contrário. No exercício da vida íntima vamos evoluindo a nossa bondade, o altruísmo espontâneo, a cumplicidade e, sobretudo, o amor. Ao possuir e ser livre para expandir meus mais profundos segredos, vou poder realmente amar plenamente todos os meus momentos.

Até mesmo a ânsia de saber da razão, os mistérios de uma determinada estrela, devem sempre respeitar o limite de suas vidas íntimas. Além de tudo, corre-se o risco de destruí-las. Afinal de contas, não foi à toa que o deus Eros, que era um verdadeiro deus de beleza absoluta, teve a humildade de tornar-se invisível quando amava sua mulher Psique. Foi para preservar a origem do mistério que possuía no seu amor.

O amor é algo profundamente sentido. Até mesmo as flores se encantam quando admiradas pelos homens e animais.

Mas quantas não suportam longas aproximações físicas fatais.

Sabe, Patrícia, às vezes amo tanto a vida, num determinado momento, que tento emoldurá-lo de paixão, como se fosse morrer amanhã. É assim que deve ser e que se passa com os verdadeiros mistérios. Eles são tão intensos; desejamos vivê-los tão ardentemente com muito medo de que logo após eles possam terminar.

A preservação da vida íntima é muito maior que simples interrogatórios na vida de um homem e uma mulher. É na verdade um respeito, uma alucinação poética de existência, um sentimento privado que se tem certeza de ser belo e nobre.

Dele pode-se ouvir, se formos capazes, uma música encantadora que enrubesce todo o espírito humano, como outrora, dizem, fizeram as sereias com todos os seus pretendentes.

Anabella

Era um vento muito suave, que alisava as minhas asas docemente, eu podia até sentir os braços dele a me acariciar e, apesar do voo, eu estava relaxada. O céu estava azul, totalmente claro, mas, como era outono, o tom do azul era aquele de que eu mais gostava. Todos os pássaros brancos destacavam-se, facilmente, num céu assim colorido. Ao pousar sobre uma bela orquídea, estava prestes a desenrolar minha tromba para saborear seu néctar quando, de repente, apareceu toda aflita Anabella.

– Meu Deus, dizia ela, será o nosso fim! Meus filhos deixarão de nascer! Me ajude, Pamela. Me ajude!

– Mas do que é que você está falando? O que é que você quer que eu faça?

– Não sei, amiga, mas alguma coisa tem que ser feita. Já. Agora. Não há um segundo a perder!

– Mas por raios, me diga, Anabella, que planta é essa que você comeu hoje? Você nem parece que é uma borboleta. Seus olhos parecem tão sofridos. Suas asas tão frouxas. Até a sua tromba parece amolecida! Me conte, o que é que você viu?

– Eu não vi nada, responde Anabella. Mas vou ver. E é você que vai me levar lá.

– Vou te levar aonde, por Deus do céu?

– Você vai me levar para a China.

– Mas por que isso agora, Anabella? Me conte tudo, senão eu não vou a lugar algum.

– Primeiro, vamos pousar bem calmas numa planta formosa e

gostosa, para que você possa tudo me contar.

Nesse momento, vim a saber que um odor horrível, que dizem que é um tal de inseticida, está empesteando uma grande floresta. E essa floresta desapareceu. E não demorou muito tempo.

– Ah, meu Deus, eu sei, Anabella, a gente já conhece os tais dos homens. Há muito tempo. Temos que evitar esses caminhos e sempre rezar muito por eles.

– Mas não é só isso, disse Anabella. Existe um lugar, chamam-no de China, é super longe, eles estão matando nossos filhos de uma forma nova e medonha, antes mesmo que eles possam endurecer as suas asinhas. Estão matando nossos filhos com água quente dentro de suas próprias casas. Eles estão morrendo antes mesmo de voar! Coitados!

E começou a chorar, chorar, e chorava. Pamela também chorou. Por fim, abraçaram-se; juntas, decididas, traçaram um plano.

– Vamos salvá-los. Vamos salvá-los. Vamos para a China.

E assim partiram. Tudo por causa dessa maldita vestimenta que os humanos usam para parecer mais belos. Por que eles não olham mais para nós? Nós sempre estamos nuas e nem por isso, por um segundo sequer, deixamos de ser belas. Essa roupa deles é feita de seda. Eles aquecem nossos filhos todos no cativeiro, mesmo antes de eles nascerem. Eles já nascem presos. E roubam a nossa seda.

– Malditos homens! Vão acabar com toda a vida. Ao aquecer os casulos, destroem a própria origem de tudo que está mais próximo da vida íntima de cada ser vivo. É dentro do casulo que nascem as borboletas. É quando o princípio íntimo da existência se manifesta de forma gloriosa. É dentro do casulo de uma borboleta.

– Mas então, o que é que vamos fazer Anabella? – disse Pamela, depois de muitos meses voando para lá chegar.

– Não sei. Mas precisamos salvar o mundo. Esse é o nosso destino. Sabe, Pamela, meu pai certo dia me contou como nós aparecemos na Terra.

– Não me diga. Como é que foi?

– Diz ele que um dia Deus, não se sabe bem ao certo por que, estava tão feliz e exuberante, que de alguma forma então resolveu se expressar. Começou então a ligeiramente algumas lágrimas tão profundamente derramar. E, por causa da difração da luz, as lágrimas assumiram todas as cores mais belas da vida. Foi assim que nós nascemos, todas, inefavelmente coloridas.

– Ah, disse Pamela, eu já sei então o que nós devemos fazer. Antes que os humanos destruam tudo. Vamos ter que escolher o lugar certo para que tudo funcione muito bem. Há de ser um lugar tranquilo, em que possamos a pequena altura docemente voar. Bater suavemente as asas, sentir as flores profundamente, como se realmente cada orquídea da Terra fosse, como é, uma obra de arte.

E assim fizeram. E, extremamente concentradas, encontraram o paraíso. E começaram a docemente voar, beijando as plantas e as flores, polinizando a natureza com o mais profundo amor que duas pequenas borboletas podem oferecer.

No fim da tarde, muito cansadas, Deus as conduziu novamente aos seus casulos; ficaram apertadas com tantos filhos. Mas quando deles saíram, estavam ótimas; ao renascer elas ficaram todas brancas e se transformaram em pequenas fadas. As fadas são a nossa chance de enfeitiçar todo o mal que existe dentro dos homens, para que eles deixem todos nós e todos os outros animais existirem até o último segundo de vida da natureza. Obrigado, borboleta.

Capítulo XII

A Bela Jardineira

Uma volta sobre si mesma
E o jardim lhe abre as pétalas a sorrir
É hora do banho das estrelas
Azaleias, jasmins, orquídeas e camélias

Todas como numa orquestra
Esticam tantos filamentos
Que quando os raios de sol aquecem
Exprimem o melhor sentimento

Ah que bela mulher
Que foi que eu fiz
Pra ter uma mulher assim

Poderosa magia
Que faz de cada flor
Tão bela poesia

A Vida é Espetacular

Sendo a vida espetacular, não é permitido matar para esbanjar, pois vidas sempre se transformam em outras vidas. Sendo a vida espetacular, só deveria ser permitido matar para comer.

A ciência, assim chamada de experimental, é uma grande vergonha espiritual. Nossa covardia ao submeter tantos animais a uma morte infame nos desumaniza terrivelmente. O próprio assassinato de animais é o que mais favorece os assassinatos entre nós.

É preciso conter, com fé, essa força violenta que ainda existe em todos nós que somos tão jovens nesse mundo. Além disso, algo me diz que muitíssimo pouco, muitíssimo pouco, vamos aprender com a ciência que sacrifica animais, porque o espírito dessa experiência nada pode nos trazer a mais.

Sabe, amor, eu faria uma lei incrível de vida, "tolerância zero para a maldade".

As mulheres, quando começaram a costurar, clarearam as suas roupas com cores tão coloridas; elas, assim como todos nós, humanos, são realmente capazes de realmente enfeitar o mundo à nossa volta, é tão simples. Na metamorfose das rochas, da areia, dos metais, dos líquidos e do mar, pode-se direcionar um caminho de beleza.

O mundo é maravilhoso, nós é que, urgentemente, precisamos, por exemplo, entender que a reprodução sexuada nos trouxe o amor. A mais bela e extraordinária expressão da vida. Dele deveríamos esticar todos os prolongamentos da nossa existência. Ele tem que ser a ossatura primordial de um humano. Uma música clássica, que inebria os ouvidos para que nós possamos parar de estragar o mundo. É absolutamente possível sonhar com dias em que não seremos responsáveis por nada mais de ruim. A maldade está dentro de nós, ela não está lá fora.

Vamos chamar os mais nobres arautos; que suas vozes calem a televisão, porque em suas cordas vocais ecoarão as palavras divinas de seus filhos. Responder com bondade à agressão. Por acaso não foi isso que Jesus fez? Alguém pode querer maior lição? Não é óbvio que dói mais em quem bate, nesse ser insensível, assim como nas graças beneficiam-se mais os que as concedem.

Não é possível, Patrícia, receber no consultório tanta gente viva que já está morta há tanto tempo. Não querem acordar. Não têm força para levantar da cama. Não se lembram mais da esperança. Os seus sonhos são medíocres, lineares e, acima de tudo, não se lembram mais dos amores que nós somos capazes de oferecer. Todos, absolutamente todos nós, temos talento. Cada um deve procurar o seu. Nós não nascemos para ser escravos do Egito, nem da Grécia, nem da máquina, nem do banco, nem do dinheiro, de ninguém, pois somos filhos da terra e das estrelas, livros eternos que embelezam nossas formas e sentimentos que, como nobres, recebemos com tanta luta e glória dos nossos ancestrais, moléculas vivas que tiveram e viveram como nossos filhos.

E é como legítimos filhos da terra e das estrelas que ainda temos conseguido viver brilhantes, viver brilhando. Somos jovens. O que vinte mil anos significam perto de milhões de anos do universo e do nosso planeta? Picossegundos. Esse caminho encoberto hoje em dia pelo vírus letal corporativo será dominado. Aprenderemos a resgatar a real beleza da vida. Viveremos novamente como nossos reis e nossas rainhas, os mais nobres símbolos de amor eterno e de alegria. Faremos da Terra o mais belo jardim das cidades, as mais belas moradias. E quando os pássaros começarem a voar, tão orgulhosos de nós, poderemos sentir que nesse instante estaremos realmente aproveitando o maior presente que tivemos: ao lado de tantas outras vidas, viver aqui ao seu lado, em tão gloriosa natureza. Obrigado, meu Deus!

Bate, bate, bate forte coração, meu amor, você nem sabe o meu destino. A cada aula que passa, faço apologia do amor, do capricho do momento, de nós mesmos, dos segundos mágicos de nossas vidas e, ao terminar, em todos os finais, grave-se na memória de todos os estudantes que a honra e a própria vida serão sempre tão sagradas e tão dignas que devem lutar por elas, assim como lutaram todos aqueles verdadeiros homens que viveram e nasceram antes de nós.

Ao seu lado, Patrícia, minha voz se engrandece, chama a atenção de qualquer espírito da classe. Seu amor é de verdade porque criou dentro de mim um pedaço do apofantisíaco. Porque pode nascer do nada, em qualquer tempo, ou data qualquer, assim como não importa que lugar, iniciando um universo beirado por labaredas eternas de um sentimento sublime, que é o direito de amar.

Gostaria de não deixar ninguém ter vergonha de falar de amor, senti-lo, fazer parte de qualquer intimidade ou falar nos centros das cidades, mesmo que não seja necessário. E que todos se lembrassem de que todas as pessoas podem saber não haver uma estação do ano melhor que as outras. Assim como todas as cores do céu são igualmente belas.

Sendo a vida espetacular, deveríamos, sim, nos preocupar apenas em viver, pois parece óbvio que nada pode ser melhor que isso. Apesar de os sentimentos humanos e a vida serem ambíguos, isso não significa um mau presságio. Pelo contrário, é bem sabido que, após as tempestades, aparece a bonança. Além disso, os sentimentos humanos não são os determinantes originais. Eles também não são as maiores e melhores equações.

O sentido espetacular da vida está na sua origem. Qualquer agressão a ela por qualquer desengano humano pode alterar tudo, até mesmo sua quantidade, mas essa por mais nanométrica que seja, jamais fará um arranhado na origem do seu princípio infinito.

Ao reler todas essas cartas, percebemos que, ao dar atenção ao mundo, ao compreender a criação da vida, ao enaltecer o ser humano, ao defrontar-nos com nossos dilemas sociais, brigando com a nossa própria hipocrisia, no elogio à ciência, pelos mais nobres sentimentos humanos, pelo amor, enaltecendo a nossa garra, vislumbrando um futuro apofantisíaco interminável e pelo tempo de menor tamanho que existe em cada um de nós, engrandecendo a vida íntima que podemos, com orgulho, dizer que a vida é espetacular.

Por Marlon Brando

Ainda é noite, mas Marlon Brando já acordou e se posicionou rapidamente olhando para o céu, salpicado das últimas estrelas brilhantes, um pouco antes do amanhecer, olhando para o horizonte, um mundo infinito e livre; os pulmõezinhos respiram agradavelmente, de vez em quando, quem sabe, um pequeno voo para melhor se acomodar e eis que de repente o sol aparece.

Oh, diz ele, que coisa maravilhosa! Que vida deliciosa!

E o dia começa, à procura do néctar e de seu infinito cardápio de insetos. Ninguém, absolutamente ninguém, pode voar como um beija-flor! Eu voo até de marcha-ré, posso parar e ficar alguns minutos no ar como uma pequena e verdadeira obra de arte, pois sou tão veloz, que posso voar acima da velocidade do som.

Durante seu dia Marlon Brando esteve a prosear com milhares de amigos, abelhas, moscas, borboletas. Descansou muito pouco e antes do anoitecer completo ele viu uma pequena beija-flor absolutamente perfeita. Acrobacias no céu, que são impossíveis de descrever e que nenhum ser vivo é capaz de imitar. Então, entrecortadamente, ele canta uma canção, à qual ela obviamente não resiste. Afinal de contas, ele é o Marlon Brando.

A imagem que se vê é que sobre um galho fino e o clarão da lua cheia, na noite perfeita, dois pequenos pássaros se destacam no entretom das estrelas com plumagens cintilantes, mais ainda nesse momento que o amor se faz, pois seus coraçõezinhos estão a vibrar como vibram suas asas tão acinzentadas.

Porém, logo após o dia amanhecer Marlon Brando escutou um chilrear de puro pânico. Ele sabia de onde vinha. Era Pilsko. Pilsko estava preso! Que horror! Marlon nunca tinha experimentado essa sensação. Toda aquela rotina, todos os dias de sua vida tinham sido esplendorosos. Ele tentou, desesperadamente, penetrar nessa espécie de gaiola, mas foi inútil.

Pilsko parecia que ia morrer. Seu melhor amigo. Que sofrimento cruel – mas como é que você foi entrar aí?

Pois foi nesse instante que ele viu o que a mão do homem é capaz de fazer. O outro pequeno beija-flor foi colocado com Pilsko na mesma gaiola. Por quê? E Marlon Brando pensou consigo mesmo:

– Oh, homem, para que prender? Você pode me ver quando quiser. Nós gostamos de vocês. Por que você tem de fazer isso com o Pilsko? Solta ele! Solta todos os beija-flores do mundo! Soltem os animais, nós somos livres, temos que viver voando, fazendo amigos e beijando as flores para que a vida possa ser, também para vocês, espetacular.

Os homens precisam lutar sempre para tornarem-se cada vez mais, sempre mais, muito mais, simples seres humanos.

Pelo meu futuro neto

Quem sabe, um outro Benjamin, amor? Afinal de contas, o nome é sempre importante. Todo nome vem escolhido, todo nome é mágico. Existe muito mais do que nós imaginamos quando escolhemos um simples nome.

Ah, meu neto! Ah, minha neta! Prometo a vocês que a primeira coisa que eu vou fazer é voltar a comprar brinquedo de criança para brincar com vocês. Eu fui muito bom nisso. Essa talvez seja a verdadeira e a única compra que valha a pena na vida, comprar um carrinho para um neto meu.

Ah, meu neto, como será que ele vai ser? Deve ser tão maravilhoso ser avô. É o começo da chegada de uma paz futura. É um sentimento espetacular, assim como a vida. A vida pode dar feliz aniversário a Giuliana, amar Robespierre, voar com Anabela, caçar com Balack, se divertir com Alfred, pois a vida é o recomeço, é o neto do neto do neto.

Foi num sonho, meu amor. Talvez o sonho mais lindo que já tive. É lógico que já sonhei com você milhares de vezes. A metade delas talvez até acordado. Mas sabe, meu amor, desta vez é diferente. Não é que seja maior ou melhor do que sonhar com você. É que simboliza o nosso encontro no amanhã. Não, não era Benjamin. Acho que se chamava Rafael. Era loiro, língua vermelha, nasceu com dentinhos minúsculos e prontos.

Ai, avô coruja. Meu neto nasceu com dentes! O sonho, no início, como todo sonho, com netos deveria ser; começar, como, por exemplo, no filme do Aladim, como um vovô na cama a sorrir com o seu netinho. Ah, como é linda a risada do meu neto! O fato de ter um neto, por si só, já é uma recompensa pessoal que diz, no mínimo, tive um neto! É o momento em que todo homem atormentado encontra em Deus a sua verdadeira paz.

A vida é espetacular. É uma honra ceder espaço aos jovens. É nobre saber a hora de ir embora. Afinal de contas, meu neto está aí! Meu neto está aí! Esse é o fato.

Nós temos é que exercitar a apologia da expectativa real e sincera em prol de todos os nossos futuros netos e assim para os netos dos netos e dos netos dos netos dos netos que a natureza se transforme até que todos nós, que um dia tivemos vida e alma, não soubermos mais distinguir quem foi avô, quem é o pai e quem são os netos.

Se tanto avô, como pai, como neto e todos nós lutarmos, com todas as forças, até o fim, por uma família inteira, por uma nação inteira, pela liberdade eterna.

Para que a gente possa:

Lembrar de Tom e Jerry e vasculhar nosso universo interior, e melhor compreender nosso destino.

Guardar a humildade de Leônidas Caires.

Celebrar a alma feminina em Patrícia, assim bem como, em todas as mulheres, todas as fêmeas e, sobretudo, na Terra.

Aprender, com Magnólia, a aproveitar o real sentido da beleza que é a vida social.

Aprimorar nossa violência com Balack, para lutar até o fim, por tudo aquilo que seja justo.

Imortalizar a amizade em Mortícia.

Incitar a apologia do mais nobre significado da ciência e o respeito a Deus com os pastores sinceros de qualquer religião. Apegar-se, irmanadamente, àqueles que creem.

Exaltar os verdadeiros heróis, como Ticiana.

Lutar, com honra, pela luz, que dominou a escuridão.

Aprender, com Giuliana, que o peso é sempre leve quando o destino é sagrado.

Amar, com Robespierre e Rebeca.

Não permitir um futuro sombrio, se for preciso, pedir ajuda a Alfred e Gina, para escapar dos caminhos tortuosos nos piores momentos da nossa vida, através dos abraços daqueles que se amam.

Entregar a própria vida em troca da perda da vida íntima.

Enquanto houver uma Anabella e uma Pamela na Terra, não perder jamais a esperança.

Com Marlon Brando, reverenciar os pássaros alados, que cruzam os muros do céu e da terra e acariciam os anjos que emanam de toda a beleza das vidas construídas.

No fundo do fogo
Há uma manta transparente
Labareda amarela
Envolve meu coração
Que arde em chamas
Meu grande amor, Patrícia

Este livro terminou depois de 23 anos, exatamente às 7 horas e 6 minutos do dia 2 de março de 2011. É muito bom ter decidido seu fim, porque às vezes alguém pode escrever uma obra acabada que será para sempre absolutamente inacabada.